FREUD
o futuro de uma ilusão

FREUD
o futuro de uma ilusão

Tradução
Inês A. Lohbauer

MARTIN CLARET

Sumário

Apresentação   7

O FUTURO DE UMA ILUSÃO

Capítulo I	25
Capítulo II	33
Capítulo III	41
Capítulo IV	51
Capítulo V	57
Capítulo VI	65
Capítulo VII	73
Capítulo VIII	83
Capítulo IX	91
Capítulo X	99

Apresentação

RICARDO GOLDENBERG[*]

"Não sei se o senhor descobriu o vínculo secreto entre a 'psicanálise leiga' e a 'ilusão'. Quanto à primeira, quero protegê-la dos médicos; quanto à segunda, quero protegê-la dos padres."

Freud (a Pfister)

Sigmund Freud, como é sabido, considerava-se um cientista e entendia que a psicanálise deveria ocupar seu justo lugar junto às ciências naturais, como um método de investigação que era de fato passível de ser aplicado tanto à pesquisa da alma individual[1] quanto às produções da humanidade como um todo (do Espírito, no sentido de Hegel).

---

[*] Ricardo Goldenberg mora na cidade de São Paulo, onde também exerce a psicanálise. É licenciado em psicologia pela Universidade de Buenos Aires, mestre em filosofia pela Universidade de São Paulo e doutor em comunicação e semiótica pela Pontifícia Universidade Católica de São Paulo. Além disso é autor dos livros (entre outros): *"Ensaio sobre a moral de Freud"*, da editora Ágalma; *"No círculo cínico, ou caro Lacan, por que negar a psicanálise aos canalhas?"* da editora Relume Dumará; *"Política e psicanálise"*, da editora Zahar; *"Psicologia das massas e análise do eu: solidão e multidão"*, da editora Record; e *"Do amor louco e outros amores, e Desler Lacan"* pelo Instituto Langage.

[1] Romântico como ele era (no sentido do gênero literário), Freud usa a palavra *Seele*, alma, e não "psiquê", a sua tradução grega, que chega até nós pela pena de Strachey, tradutor inglês das Obras Completas, que a considerava mais "científica". Como veremos, essa decisão é menos estilística do que política, em que se trata de fazer a psicanálise ser aceita como uma disciplina séria, mais palatável para uma comunidade científica, que lhe tinha a maior ojeriza.

Portanto, fazer a crítica da religião era um capítulo de certo modo inevitável na longa empreitada de entender, mediante o instrumento psicanalítico, a origem da civilização e da subjetividade de cada um.

Por bem (e por mal)[2] temos as suas Obras Completas. Se prestarmos atenção ao índice cronológico, perceberemos o ir e vir entre a construção da psicanálise como método e como doutrina, a paciente elaboração dos seus conceitos. A aplicação do método, tanto para o uso médico no tratamento das denominadas "doenças mentais",[3] quanto como ferramenta crítica da antropologia, da história, da arte e da política, redundava depois em novos conceitos acrescentados ao corpo teórico da própria disciplina que, assim enriquecida, voltava-se mais uma vez para seus objetos de pesquisa, numa espiral que só se deteve quando a psicanálise passou a ser aceita e a estar integrada no corpo mesmo da cultura que ela se dedicara a estudar.

O problema do estatuto da religião para o homem ocupa Freud de um modo ou de outro desde sempre, e comparece de modo direto ou indireto em livros como *A psicopatologia da vida cotidiana* (1904), onde ele enfoca a superstição e a crendice, e ao qual se segue o artigo *Atos obsessivos*

---

[2] Por falar nas Obras Completas, nelas ele nos deixa com a ilusão de que temos ao alcance da mão "todo Freud". Essa miragem mereceria ser combatida com o mesmo afinco com que ele atacava, por exemplo, a crença religiosa.

[3] Com tantos anos de "história da loucura", de "antipsiquiatria", de "desconstrução da noção de psicopatologia", etc., deveríamos escrever: das "denominadas doenças mentais".

e práticas religiosas (1907), em que ele já lança a famosa hipótese de que a neurose obsessiva seria como que uma religião privada, e a religião uma neurose coletiva. No estudo sobre Leonardo da Vinci (1910) ele apresenta a ideia de Deus como uma versão do pai temido e idealizado. Em 1913 ele dedica um livro inteiro à sua pesquisa das fontes primitivas da religião: *Totem e tabu*. Em 1921 escreve *Psicologia das massas e análise do eu*, em que apresenta uma hipótese sobre a função da Igreja. No ano de 1923 publica um ensaio denominado *Uma neurose demoníaca do século XVII*; trata-se do estudo de um caso clínico, em que os demônios de uma possessão são tratados como projeções dos desejos recalcados do doente. Em 1927 ele encara o livro que o senhor, leitor, tem na sua frente, nesta primorosa tradução feita diretamente do alemão por Inês Antonia Lohbauer. A tese principal desenvolvida aqui é que a função de *toda* religião é responder ao desamparo (*Hilflosigkeit*) da nossa condição humana. Três anos mais tarde, em *O mal-estar na civilização*, Freud é totalmente explícito em matéria de religião. O segundo capítulo começa desse modo:

> No meu texto "O futuro de uma Ilusão", não falei tanto das profundas fontes do sentimento religioso, porém muito mais daquilo que o homem comum entende como sua religião: o sistema de doutrinas e promessas que, por um lado, esclarecem-lhe os enigmas deste mundo com invejável perfeição, e por outro, asseguram-lhe uma Providência protetora para sua vida, garantindo também que seus eventuais

fracassos sejam compensados numa existência no além. O homem comum não consegue imaginar essa Providência a não ser na pessoa de um pai grandioso e supremo. Só alguém assim pode conhecer as necessidades do ser humano, comover-se com seus pedidos e apaziguar-se diante dos sinais de seu arrependimento. *Tudo isso é tão evidentemente infantil, tão irreal, que numa reflexão empática ao homem torna-se doloroso pensar que a grande maioria dos mortais nunca conseguirá elevar-se acima dessa concepção de vida. É mais vergonhoso ainda saber que uma grande parte dos contemporâneos reconhece que a religião não se sustenta, mas procura defendê-la aos poucos, em lamentáveis tentativas de evasão.*[4]

Em 1933, em plena ascensão do nazismo na Alemanha, Freud pergunta a si mesmo se existiria uma visão de mundo própria da psicanálise, e logo responde que não. A psicanálise não pode ter outro enfoque do mundo que não o da ciência. E o adversário principal de tal enfoque é precisamente a religião.[5] As crenças religiosas são um objeto de pesquisa tão válido quanto qualquer outro, mas

---

[4] O grifo é meu, para enfatizar meu espanto frente à comprovação de que, passados oitenta anos, não só continuamos na mesma condição como regredimos ao ponto de entronizar a religião evangélica num governo que é laico só de nome, enquanto na prática promove políticas educativas e morais que, sem exagero, podemos qualificar de medievais. (Refiro-me ao governo do Brasil, eleito em 2018 com maioria significativa de votos).

[5] Jones E. *Vida y obra de Sigmund Freud*. Vol III, p. 378. Buenos Aires: Hormé, 1976. Eu acrescentaria a isso a *ideologia* que, de um modo formal, é idêntica à religião, ainda que seus conteúdos sejam laicos. A psicanálise não é uma exceção, pois uma vez transformada numa ideologia, ela deixa de ser um método crítico e se torna a fundamentação das ideias mais retrógradas sobre o mundo, ainda que revestidas de uma auréola de cientificismo.

em si mesmas não possuem qualquer valor como conhecimento. "A verdade da religião pode ser deixada completamente de lado."[6] Na busca da verdade o *único* caminho é o científico, e é nele que a psicanálise deve se engajar. Finalmente, e esta é a última palavra de Freud sobre o assunto, *Moisés e o monoteísmo*, escrito no ano seguinte, mas publicado no ano de 1939, o da sua morte.[7] Trata-se do seu derradeiro acerto de contas com o judaísmo: o que é um judeu? Em que e por que sou judeu? Como os judeus chegaram a ser o que são, e o que a religião tem a ver com isso tudo? Portanto, nada mais apropriado do que encarar o patriarca Moisés e perguntar-lhe: "Quem és tu?".

Não seria exagerado afirmar que Freud combateu as ilusões a sua vida inteira. E quero dizer com isso, desde o cinismo reinante durante a República de Weimar — a hipocrisia dos membros da burguesia que, por exemplo, podiam violar nove dos dez mandamentos, para depois passarem pela igreja no domingo, lavarem a alma por meio da confissão e depois ficarem limpos para poderem se sujar na segunda feira mais uma vez — até a covardia do neurótico, cujos sintomas revelam um ser incapaz de lidar com o conflito entre seus

---

[6] Freud. Novas Conferências introdutórias à psicanálise, conferência XXXIV: "A questão de uma *Weltanschaung*". S.E. vol. XXI. Londres: Hogarth Press. 1976.

[7] E da deflagração da Segunda Guerra Mundial, que incluiria entre outras coisas a "Solução Final", de Hitler, ao "Problema Judaico". (Note-se que o problema ou a questão judaica é um sintagma de Marx: *Zur Judenfrage*, 1843)

valores e seus desejos. Contra isso ele opunha, não uma moralidade de princípios, mas a racionalidade. A psicanálise era seu modo de realizar o *sapere aude*, o "atreve-te a saber", de Kant. E a religião parecia-lhe o exato oposto desse princípio. Foi um ateu convicto e militante desde a adolescência, bem no espírito do Iluminismo, e na universidade descrevia-se para seu amigo Silberstein como um "estudante de medicina sem Deus". Já na velhice, por ocasião das homenagens recebidas pelo seu 70º aniversário, ele escreve uma carta emocionada para a Loja B'nai Brit,[8] da qual era membro, agradecendo a homenagem e salientando que as suas maiores qualidades como homem deviam-se ao lado humanista do seu judaísmo, não o religioso.

É importante diferenciar a ilusão do delírio e também do juízo racional, porque a primeira não se define pelo seus conteúdos mas pelas suas fontes, enquanto o segundo é um julgamento idiossincrático da realidade, e o terceiro, o juízo, resiste a uma análise lógica. Portanto, a diferença não está na origem comum, mas na forma que esse pensamento adquire mais tarde. O pensamento científico está aberto ao confronto, à demonstração, à refutação, enquanto o religioso permanece agarrado às suas origens insensatas e continua

---

[8] "Filhos da Aliança", em hebraico. ONG filantrópica orientada para os direitos humanos e a assistência social, fundada em 1843 em Nova York, para promover "os mais altos ideais de altruismo e superação intelectual do judaísmo", que devia estar livre de "todo vestigio dogmático ou doutrinário". A religião judaica com um rosto humano, digamos.

governado pelo princípio da realização mágica do desejo, próprio das crianças, dos neuróticos e dos loucos, imune a qualquer forma de crítica, como temos visto recentemente com o retorno inaudito dos terraplanistas, que pretendem ver reconhecida a sua crendice como mais uma tese científica sobre o mundo. Qualquer investigação requer um certo grau de ceticismo em relação às respostas recebidas, às verdades estabelecidas; mas no caso da religião, essa postura é tachada de impiedade e severamente castigada com a tortura, a prisão ou a fogueira – quando a Igreja ainda detinha o poder político – ou com o escárnio e a censura, depois da separação entre a Igreja e o Estado.

O futuro de uma ilusão (1927) conta-se entre os livros mais controversos de Freud, seguido de perto por *O mal-estar na civilização* (1930), num páreo duro. De certo modo soma-se a ele, e abre um novo capítulo do eterno anátema contra sua obra, por um lado considerada profana e pansexualista, e por outro pouco científica. Foi-lhe dito que ele não tinha o direito de entrar na seara dos outros com a sua psicanálise ("cada macaco no seu galho"): na melhor das hipóteses, que a ciência nada tem a ver com a religião;[9] que ele fazia pouco da experiência mística e do sobrenatural; que seria

---

[9] Argumento que volta um século depois com o programa "Escola sem partido" propiciado pelo governo filo-evangélico do presidente Bolsonaro, assim como nos Estados Unidos da América, de Donald Trump: a visão científica é uma das verdades que está em pé de igualdade com as crenças religiosas.

um reducionismo inaceitável afirmar que a religião, assim como as outras obras da cultura, tem a sua origem nas experiências da primeira infância.

Freud encampa a guerra racionalista contra a religião iniciada no século XVIII e estendida ao no XIX. Todos os seus companheiros de rota compartilhavam desse espírito anticlerical, e as tentativas de alguns (como Jung primeiro, e o próprio Ferenczi, depois) de reconciliar a psicanálise com a religião foram tratadas com o mais profundo desdém. Tratava-se da permanência do obscurantismo na modernidade. A religião era o inimigo e devia ser tratada como tal.

Mesmo que fosse considerada um bem precioso da humanidade, como o resto deles — a ciência, a arte e a ética — a crença religiosa se origina na psicologia infantil, e assim como o desejo do cientista pode remontar à força da curiosidade da criança, a fé se origina no desamparo inicial do bebê. Porém diferente da primeira, esta era e continuará sendo uma ilusão, uma ilusão infantil,[10]

---

[10] Eu ia escrever "pueril", já que era isso o que Freud pensava: não existe para ele ciência da religião, a não ser como disciplina histórica. Entretanto, que estatuto dar a essa ilusão quando constatamos a sua presença nos mais poderosos pensadores ao longo da história? A posição de Lacan a esse respeito é muito diferente, para ele o sentido religioso resulta da estrutura mesma da subjetividade e não pode ser eliminado. Ao psicanalista não cabe pronunciar-se contra ou a favor de religião nenhuma, mas situar seus pacientes em relação àquilo que acreditam, sem saber. Ele chegou a dizer, brincando, que os únicos verdadeiros ateus eram os teólogos, já que não se conformavam em dizer "acredito ou não acredito", mas se concentravam na tentativa de entender a lógica do sentimento religioso.

realizações imaginárias dos mais antigos, fortes e urgentes anseios da humanidade. À ideia de que os homens fazem os deuses à sua imagem, Freud acrescentou que tais divindades foram produzidas à imagem e semelhança do pai.

Conquanto este trabalho, como qualquer outro, possa ser julgado pelos seus próprios méritos, o momento da vida de Freud e o estado da psicanálise, quando "a ilusão" (como Freud chamava seu livro) foi escrito, não são independentes dele e não podem, a meu ver, ser negligenciados.

Freud tinha entrado na "idade patriarcal", e o câncer na sua boca o atormentava sem cessar; a sua prótese maxilar o incomodava noite e dia, tornando a sua fala difícil. Repetia a amigos e colegas que em breve tudo terminaria, e escreveu aos seus "filhos" que dali em diante deveriam contar apenas consigo mesmos (o que obviamente não aconteceu, ao vermos que a angústia pela morte do patriarca fez com que ele fosse solicitado com maior premência ainda, para resolver problemas científicos, organizacionais e até de ordem pessoal).

No plano institucional as brigas de sucessão do rei eram antecipadas, assim como eram constantes as manifestações de inveja e as conspirações entre os "súditos" e "cortesãos", que se digladiavam entre si. Além da sua luta costumeira contra os adversários da psicanálise em geral, o rei travava uma luta palaciana para que o seu método não fosse reduzido a uma mera especialização da psiquiatria pelos próprios membros da IPA[11] (Jones,[12] o primeiro), apavorados com o processo movido contra Theodor Reik, psicanalista não médico, por exercício ilegal da medicina, e que levou Freud a escrever o seminal *A questão da análise leiga*, em 1926.

Em 1927 ele decide que é chegado o momento de demolir a religião com armas psicanalíticas: não dá para esperar mais, e assim o comunica a Oskar Pfister, pastor luterano suiço, que fora seu amigo e seu discípulo durante 20 anos.[13] *O Futuro de uma ilusão* deixa-se ler como um ensaio do "livro--manifesto" que escreveria três anos mais tarde, *O mal-estar na civilização*. (Ou, ao contrário, pode-se dizer que o segundo dá continuidade à tese do primeiro, onde a civilização é definida como um esforço coletivo de dominar as forças da natureza fora de nós, e a competição e o ódio inerentes às relações dos seres humanos entre si.) Dizer isso não é desmerecer em nada o primeiro, apenas insistir que se trata de uma das batalhas (e não a menor) numa guerra maior, contra a campanha de censura

---

[11] Associação Psicanalítica Internacional, segundo as siglas inglesas.

[12] Ernest Jones e J. J. Putnam, ambos médicos, fundam a Associação Psicanalítica Americana (APA), em 1911, filial da Internacional Freudiana. Em 1912, ano marcado pela secessão de Adler, de Stekel e de Jung, Jones e Ferenczi, fundador da filial da IPA na Hungria, criam um pequeno grupo composto pelos discípulos mais próximos de Freud, com a intenção de defender a causa analítica. O comitê secreto é formado por S. Ferenczi, O. Rank, K. Abraham, H. Sachs e, naturalmente, E. Jones e Freud. Dando prosseguimento à analogia com a corte real, Jones seria um primeiro ministro.

[13] Para entender as relações de Freud com a religião é imprescindível, além de ler seus textos publicados sobre ela, ler a correspondência extremamente interessante que manteve com seu amigo e colega pastor entre 1909 e o fim da sua vida.

que a psicanálise sofria, tanto da parte dos médicos como dos "guardiões da moral", precisamente os inquisidores que já tinham incluído as obras de Freud no *index*.

Quem acredita que ler este livro é apenas pôr-se a par da história da psicanálise estará redondamente enganado. Ao lado de Marx, Freud era considerado um subversivo, pelo governo militar dos anos de chumbo da ditadura argentina, em nome, precisamente, de uma Argentina católica. Quando ocorreram as tentativas das igrejas pentecostais no Brasil de anexar a psicanálise, foi necessário apresentar ao congresso uma frente ampla reivindicando a psicanálise para os psicanalistas. Para tanto, fazia-se necessário redigir um documento explicando a deputados e senadores que, já que a psicanálise não deveria subsumir-se à medicina, (uma luta anterior, que retornaria), muito menos ela poderia assimilar-se à religião. Vejam como a estratégia mudou: na época de Freud nossa disciplina era combatida visando seu banimento (livros queimados durante o Terceiro Reich, por exemplo). Na nossa contemporaneidade, a Igreja reformada decide apropriar-se da psicanálise para neutralizá-la.[14] Isso aconteceu em finais da década

---

[14] Quem pensa que é exagero deverá investigar a autodenominada "Escola de Psicanálise Ortodoxa Brasileira", conduzida por pastores-
-psicanalistas evangélicos, que além de entregar diplomas de psicanalista aos alunos do seu curso de dois anos, realizaram uma perfeita fusão dessa matéria com as crenças religiosas que os sustentam como igreja, ao ponto de constar do currículo de formação dos "analistas" a distinção diagnóstica entre esquizofrenia e possessão demoníaca...

de 1980, com uma nova investida nos anos 1990 e, pelo que eu soube, estamos mais uma vez às voltas com isso em 2020, enquanto escrevo.

Pela sua fé iluminista, Freud tinha a esperança[15] de que a razão científica triunfaria sobre as mistificações religiosas. E a psicanálise, que só pode estar nas fileiras da ciência, recolheria os louros. Já Lacan, mais pessimista (ou realista), antecipa em 1976 que, por tratar-se de uma máquina de fornecer sentido à vida (precisamente o argumento freudiano neste livro), a religião terminará triunfando sobre a psicanálise que desfaz tais sentidos, obrigando as pessoas a enfrentar o destino com outras armas que não as religiosas.

Tudo isso para dizer que, antes de mais nada, *O futuro de uma ilusão* é um documento político, como a epígrafe que escolhi para este prólogo deixa claro. Tanto por advogar pela ciência contra a religião, dentro e fora da própria instituição psicanalítica, como também contra a ilusão ideológica, em 1928 Freud soube que os censores soviéticos tinham proibido a tradução ao russo dos seus livros. Descreveu a si mesmo para Romain Rolland como um homem que passara "a maior parte da minha vida destruindo minhas próprias ilusões e as da humanidade." Como escreve Peter Gay, na sua biografia de Freud:[16] "Se a humanidade permitisse

---

[15] O modo como o sentimento religioso é insidioso ilustra-se no fato de eu ter usado, sem perceber, duas noções religiosas, a esperança e a fé, para descrever a relação de Freud com a ciência!

[16] Gay P. *Freud: a life of our time.* Nova York: Norton & Co. 1988, p. 535.

que suas ilusões fossem destruídas, seriam outros quinhentos".

Com *O futuro de uma ilusão* — assegura Freud modestamente aos seus leitores — ele não está dizendo nada que não tenha sido dito antes e melhor por homens maiores do que ele. Pensaria em Spinoza, Voltaire, Diderot, Galileu, Feuerbach e Darwin, talvez? As premissas mesmas da ciência são incompatíveis com as da religião, e, pela sua objetividade, a psicanálise pode ser considerada uma ciência. Essa é uma declaração política, e este livro conclui, precisamente, com ela: não, nossa ciência não é uma ilusão.

Em 1927 vemos um Freud amargurado com o estado da arte da psicanálise, e também com as relações dos analistas entre si; alarmado pelos rumos do mundo civilizado, ele via o antissemitismo grassando pela Europa, assim como o aumento da crise econômica, e seu próprio futuro não parecia muito promissor: seu médico insistia para que ele abandonasse seus amados charutos. Recomendaram-lhe também que se internasse por alguns dias num sanatório; ele reclamou para Eitingon que "viver para a saúde resultava-lhe intolerável"; insistiu para que James e Alix Strachey o visitassem o quanto antes, porque "não iria mais durar muito tempo".

Nessa época da sua vida tinha virado um hábito para ele desqualificar tudo o que fazia, considerando-o como insuficiente, como não estando à altura do padrão que ele tinha traçado para si mesmo e das expectativas do efeito que deveria causar nos leitores. Os seus amigos mais próximos já conheciam esse tipo de depressão pós-parto, que acometia Freud depois da publicação das suas obras mais importantes e mais queridas. Ele mesmo chamava isso de "depressão familiar". Não havia obra que, uma vez entregue ao editor, não o enchesse de uma apreensão e uma vergonha beirando a fobia; se pudesse, ele pegaria as provas de volta e cancelaria a publicação.

Tinha sofrido tantos ataques e durante tanto tempo, que agora, ao se defrontar com o que considerava o fim do caminho, com o fato de que a morte o surpreenderia sem que ele tivesse tido tempo de fazer o suficiente, ele empurrava para baixo seu próprio trabalho (talvez como quem bate na madeira), quem sabe com a secreta esperança de que isso funcionasse como uma simpatia, como um feitiço; melhor antecipar-se dizendo que o que fizera não valia nada, para que o mundo o desmentisse, do que o contrário, esperar que esse filho literário fizesse sucesso e defrontar-se com seu fracasso ou pior, uma recepção indiferente. O mesmo homem que elaborara uma teoria para demonstrar as raízes infantis e recalcadas da crendice e da superstição, entregava-se agora ao pensamento mágico, como uma criança.

A sua "Ilusão" não foi uma exceção. Freud fez uma crítica feroz do seu próprio livro, "beirando", como escreve Peter Gay,[17] "o ódio de si mesmo".

---

[17] Op. Cit. p. 524.

Chama-o de "pueril" e de "fraco do ponto de vista analítico, numa inadequada auto-confissão".[18] Escreveu para Eitingon (que havia lhe solicitado uma cópia) que não esperasse nada demais, já que "o conteúdo analítico era bem fraco" e "não valia grande coisa". Enfim, quando René Laforgue — um psicanalista francês que estava de visita na casa de Freud na Bergasse 19 — expressou seu encanto com este pequeno livro, Freud soltou um "é meu pior livro!" E quando seu hóspede objetou, ele insistiu: era o trabalho de um homem velho, sem a vitalidade ou as esperanças da juventude. Pena que ele, Laforgue, não o tivesse conhecido então! Contudo, a sua autoflagelação não deve obscurecer o fato de que este era um livro fundamental para ele. Ao contrário, era precisamente por tratar-se de um trabalho encarregado de uma missão política tão delicada, que este livro foi repudiado de um modo tão enfático.

Lendo este bonito ensaio, redigido com a mesma prosa que lhe valeu o Prêmio Goethe de Literatura, devemos concordar com Laforgue, quando, depois de escutar tudo que Freud tinha para dizer contra si mesmo e contra seu trabalho, ele respondeu: "Desculpe, professor, mas não faço ideia do que o senhor está falando".

---

[18] Freud *apud Gay*, idem ibidem.

FREUD
o futuro de uma ilusão[1]

---

[1] *O futuro de uma ilusão* é um dos seis textos de Freud ligados à construção da cultura e da sociedade. Os outros são: *A moral sexual cultural e o nervosismo moderno* (1908); *Totem e tabu* (1913), *Psicologia das massas e análise do eu* (1921), *O mal-estar na civilização* (1930), e *Moisés e o monoteísmo* (1939). Em *O futuro de uma ilusão* ele analisa a origem e a razão de ser da religião, vista como a necessidade de se criar uma proteção psíquica contra os sentimentos de desamparo e fragilidade no indivíduo, e que teria suas raízes já na infância, no anseio infantil por um pai protetor. Freud também analisa aqui a questão da repressão cultural às pulsões humanas e o fracasso da religião em apaziguar os seres humanos, reconciliando-os com as renúncias a eles impostas pela cultura.

Em uma carta a seu amigo Oskar Pfister, Freud resume de maneira notável o que defende neste livro: "Não sei se o senhor descobriu o vínculo secreto entre a 'psicanálise leiga' e a 'ilusão'. Quanto à primeira, quero protegê-la dos médicos; quanto à segunda, quero protegê-la dos padres". (N.T.)

capítulo I

Quando vivemos por algum tempo em uma determinada cultura, e nos esforçamos em pesquisar as suas origens e o caminho do seu desenvolvimento, também sentimos a tentação de voltar nosso olhar para outra direção e nos perguntarmos qual seria o destino dessa cultura num futuro distante e por quais transformações ela teria de passar. Mas logo perceberemos que, desde o início, em muitos momentos um exame como esse não terá valor. Sobretudo porque apenas poucas pessoas conseguem vislumbrar os movimentos humanos em todos os seus desdobramentos. Para a maioria, tornou-se necessária a limitação a uma única ou a algumas poucas áreas. Porém quanto menos alguém souber a respeito do passado e do presente, mais incerto será seu juízo sobre o futuro. E sobretudo porque é justamente com relação a esse juízo que as expectativas subjetivas do indivíduo desempenham um papel importante; dependentes dos momentos puramente pessoais de sua própria experiência, essas expectativas do indivíduo revelam sua postura mais ou menos esperançosa diante da vida, da forma como esta lhe foi determinada pelo seu temperamento, seus êxitos ou fracassos. Finalmente resulta disso um fato muito estranho, mostrando que, no geral, as pessoas vivenciam o presente de forma muito ingênua, sem conseguirem levar em conta seu conteúdo. Elas precisam primeiro estabelecer uma certa distância dele, isto é, o presente precisa primeiro ter-se transformado em passado, se elas quiserem, a partir dele, obter referências para a avaliação do futuro.

Portanto, quem ceder à tentação de se expressar sobre o provável futuro de nossa cultura, deveria lembrar-se das apreensões acima mencionadas e também da incerteza geralmente ligada a todo tipo de previsão. A partir disso resulta que, na minha apressada fuga diante da tarefa grande demais para mim, logo procurarei o pequeno setor ao qual até agora dediquei minha atenção, depois de ter determinado sua posição no âmbito da totalidade.

A cultura humana, ou seja, tudo aquilo pelo qual a vida humana se elevou acima das suas condições animais e se diferenciou da vida deles — e eu me recuso a separar cultura de civilização — mostra ao observador, sabidamente, dois lados. Por um lado, ela engloba todo o conhecimento e toda a sabedoria que os seres humanos adquiriram para dominar as forças da natureza e obter os bens de que precisavam para a satisfação das suas necessidades, e, por outro, todas as estruturas necessárias para regulamentar os relacionamentos entre os seres humanos, e principalmente a distribuição dos bens acessíveis. Essas duas vertentes da cultura não são independentes entre si, em primeiro lugar porque os relacionamentos entre os seres humanos são profundamente influenciados pelo grau de satisfação pulsional,[1] possibilitada pelos bens existentes, em segundo lugar porque o indivíduo pode criar um relacionamento com outro indivíduo colocando-o na condição de um bem, quando utiliza sua força de trabalho ou quando o toma como objeto sexual, e em terceiro lugar porque cada indivíduo se torna virtualmente um inimigo da cultura, quando na verdade ela deveria ser do interesse geral de todos. É estranho que os seres humanos, apesar de não conseguirem viver individualmente, considerem muito opressores os sacrifícios que lhe são impostos pela cultura para lhes possibilitar uma vida comunitária. Portanto, a cultura precisa ser defendida contra o indivíduo, e suas instituições, organizações e regras são colocadas a serviço dessa tarefa; elas têm como finalidade não apenas promover uma certa distribuição dos bens, mas também a sua manutenção, elas precisam proteger das reações hostis dos seres humanos tudo aquilo que serve à dominação da natureza e à produção de bens. As criações humanas são fáceis de destruir, e a ciência e a técnica, com as quais foram construídas, também podem ser utilizadas para a sua destruição.

Assim, temos a impressão de que a cultura foi algo imposto a uma maioria contrária a ela por uma minoria que decidiu tomar posse dos meios de

---

[1] A palavra alemã *Trieb* pode ser traduzida ao português de diversas maneiras: instinto, impulso, pulsão. No caso desta tradução adotamos o termo "pulsão", seguindo a maioria dos psicólogos, psiquiatras e estudiosos de Freud no Brasil. (N.T.)

poder e de opressão. É natural supormos que essas dificuldades não estão ligadas à essência da cultura em si, mas são condicionadas pelas imperfeições das formas de cultura desenvolvidas até agora. De fato, não é difícil apontarmos essas falhas. Enquanto a humanidade fez progressos contínuos na dominação da natureza, e pode esperar fazer ainda mais, não se constata com tanta certeza um progresso semelhante na ordenação das questões humanas, e provavelmente a qualquer tempo, como também agora de novo, muitas pessoas têm se perguntado se essa porção de cultura obtida até hoje vale a pena ser defendida. Poderíamos argumentar que seria possível uma nova ordenação dos relacionamentos humanos que afastasse as fontes de insatisfação com a cultura, na medida em que esta renunciasse à opressão e à repressão das pulsões, para que as pessoas, livres de desavenças e conflitos interiores, pudessem dedicar-se à aquisição de bens e ao seu usufruto. Seria até uma era de ouro, mas não podemos deixar de perguntar se essa condição poderia ser concretizada. Na verdade parece-nos que toda cultura, antes de tudo, precisa ser construída sobre a repressão e a renúncia às pulsões; nem mesmo temos a certeza de que, caso cesse a repressão, a maioria dos indivíduos humanos estaria disposta a assumir a carga de trabalho necessária para a obtenção de novos bens vitais. Penso que devemos contar com o fato de que todas as pessoas apresentam tendências destrutivas, portanto, associais e anticulturais, e que, em um grande número de pessoas, elas são fortes o suficiente para determinar seu comportamento na sociedade humana.

A essa realidade psicológica atrela-se um significado decisivo para a avaliação da cultura humana. Se antes podíamos pensar que o essencial dessa cultura seria a dominação da natureza para a obtenção de bens vitais, e que os perigos que a ameaçavam poderiam ser afastados por meio de uma distribuição adequada desses bens entre as pessoas, parece-nos agora que o peso maior do que é material foi deslocado para o que é psíquico. Torna-se decisivo se e até onde conseguiremos reduzir a carga de sacrifício das pulsões imposta aos seres humanos, conciliá-la com a carga necessariamente remanescente e compensá-los por isso. Assim como a obrigação ao trabalho cultural, também não podemos dispensar a dominação da massa por uma minoria, pois as massas são indolentes e insensatas, não gostam da renúncia às pulsões; nenhum argumento conseguirá convencê-las da sua inevitabilidade, e seus indivíduos estimulam-se mutuamente no consentimento da ausência de freios. Apenas por meio da influência de indivíduos exemplares, que a massa reconhece como seus líderes, ela poderá ser induzida ao trabalho e às renúncias, dos quais depende a existência da cultura. Tudo bem se esses líderes são pessoas de uma visão mais elevada a respeito das necessidades da vida, se ascenderam a um patamar superior para a dominação de seus próprios desejos pulsionais. Mas para não perderem a influência que exercem, correm o risco de cederem mais às massas do que as massas a eles, e por isso parece ser necessária a sua independência da massa por meio da disponibilidade de meios de poder. Para resumir, o fato das instituições culturais poderem ser mantidas apenas com um certo grau de repressão, deve-se a duas caracteristicas amplamente disseminadas dos seres humanos: uma, que eles não são espontaneamente afeitos ao trabalho; outra, que os argumentos não são nem um pouco eficazes contra suas paixões.

Eu sei quais objeções apresentarão contra essas explicações. Dirão que o caráter aqui descrito das massas humanas, que deveria comprovar o quanto é indispensável a imposição ao trabalho cultural, é por si só apenas a consequência de instituições culturais equivocadas, pelas quais as pessoas se tornaram amarguradas, vingativas, associais. Novas gerações, educadas amorosamente e no espírito da valorização do pensamento, conheceram precocemente os benefícios da cultura, e por isso também terão outra relação com ela, sentindo-a como sua propriedade mais particular; com isso estarão dispostas a lhe oferecer os sacrifícios de que ela precisa para sua manutenção, em termos de trabalho e renúncia à satisfação das pulsões. Elas poderão prescindir da repressão e diferenciar-se muito pouco de seus líderes. Se até agora não existiram massas humanas com essa qualidade em nenhuma cultura, isso ocorre porque nenhuma cultura ainda encontrou as instituições que influenciassem as pessoas desse modo, já desde a infância.

Podemos até duvidar se na verdade seria possível, já agora, no atual estágio de nosso domínio da natureza, produzir essas instituições culturais; podemos perguntar de onde deverão vir esses numerosos líderes superiores, infalíveis e altruístas, que deverão atuar como educadores da futura geração; podemos assustar-nos diante do imenso dispêndio de repressão que inevitavelmente ocorrerá até a concretização desses propósitos. Não podemos contestar a grandiosidade desses planos, seu significado para o futuro da cultura humana. Certamente ele se apoia na visão psicológica de que o ser humano é dotado dos mais diversos mecanismos de pulsão, cuja direção definitiva é apontada pelas primeiras vivências da infância. Por isso também as barreiras da educabilidade do ser humano impõem seus limites à eficácia de uma tal mudança cultural. Podemos questionar se, e em que medida, um outro meio cultural seria capaz de eliminar as duas características das massas que dificultam tanto a condução das questões humanas. Essa experiência ainda não foi realizada. Provavelmente uma determinada porcentagem da humanidade — devido a uma predisposição doentia ou a uma força muito poderosa das pulsões — permanecerá sempre antissocial; mas se conseguirmos reduzir a atual maioria hostil à cultura, até essa maioria se tornar uma minoria, já teremos conseguido muita coisa, talvez tudo o que é possível conseguir.

Não quero dar a impressão de que me desviei do caminho previamente traçado da minha pesquisa.

Por isso, quero garantir expressamente que não pretendo opinar sobre a grande experiência da cultura realizada atualmente no amplo território situado entre a Europa e a Ásia. Não possuo o conhecimento especializado nem a capacidade para decidir sobre a sua viabilidade, testar a conveniência dos métodos empregados ou medir a amplitude da inevitável distância entre o propósito e a execução. Como algo incompleto, o que é propalado ali furta-se a um exame mais profundo, ao qual nossa cultura há muito consolidada fornece o material.

capítulo II

Inadvertidamente nós nos deslocamos do âmbito econômico para o psicológico. No início sentimo-nos tentados a procurar o patrimônio cultural nos bens já existentes e nas instituições que organizam sua distribuição. Com o reconhecimento de que toda cultura baseia-se na obrigação ao trabalho e na renúncia às pulsões, e por isso inevitavelmente gera a oposição daqueles que serão atingidos por essas exigências, tornou-se claro que os bens em si, os meios para sua obtenção e as organizações para sua distribuição não podem ser os únicos nem os mais importantes elementos da cultura. Pois eles são ameaçados pela sublevação e a ânsia destrutiva dos membros dessa cultura. Além dos bens, aparecem também os meios que poderiam ser usados para defender a cultura, os meios de repressão e outros, cuja função é conciliar as pessoas com ela e compensá-las pelos seus sacrifícios. Esses meios podem ser descritos como o patrimônio psíquico da cultura.

Para nos atermos a uma forma de expressão mais uniforme, vamos chamar de **frustração** o fato de uma pulsão não poder ser satisfeita, de **proibição** o instrumento que estabelece essa frustração, e de **privação** a condição produzida por essa proibição. Então o próximo passo será diferenciarmos as privações entre as que dizem respeito a todos e as que não dizem respeito a todos, mas apenas a grupos, classes ou até indivíduos. As que dizem respeito a todos são as mais antigas: com as proibições que as implantaram, a cultura inicia sua separação do estado primitivo animal; essas privações subsistiram por milhares de anos. Para nossa surpresa descobrimos que elas ainda estão ativas, ainda formam a essência da hostilidade à cultura. Os anseios de satisfação pulsional, que sofrem com elas, ressurgem com cada criança que nasce; existe uma classe de pessoas, a dos neuróticos, que já reage a essas frustrações com associabilidade. Esses anseios de satisfação pulsional são os do incesto, do canibalismo e do assassinato. Apesar de todas as pessoas parecerem unânimes em rejeitá-los, é estranho quando os igualamos àqueles por cuja concessão ou negação em nossa cultura combate-se tão enfaticamente; mas temos direito a isso, psicologicamente. O comportamento cultural em relação a esses anseios mais antigos de satisfação pulsional não é, de modo algum, sempre o mesmo; só o canibalismo é malvisto por todos e totalmente superado por uma visão não analítica. Por trás da proibição ainda podemos sentir a força dos desejos incestuosos, e o assassinato ainda é praticado e até indicado na nossa cultura, sob determinadas condições. Possivelmente ainda teremos, no futuro, desenvolvimentos culturais nos quais as satisfações de desejos, hoje até possíveis, parecerão tão inaceitáveis como atualmente é o canibalismo.

Já nessas renúncias mais antigas às pulsões, deve ser considerado um fator psicológico que permanece significativo inclusive para todas as outras, posteriores. Não é verdade que a psique humana não tenha passado por nenhum desenvolvimento desde os tempos mais antigos, e, contrariamente aos progressos da ciência e da técnica, hoje ainda seja a mesma dos primórdios da história. Podemos mencionar aqui uma dessas evoluções psíquicas. Em nosso desenvolvimento, uma repressão externa é gradualmente internalizada, quando uma instância psíquica especial, o superego humano, a aceita entre seus mandamentos. Toda criança nos mostra o processo dessa transformação, e só por meio dele é que ela se converte num ser moral e social. Esse fortalecimento do superego é um bem psicológico extremamente valioso da cultura. As pessoas nos quais ele ocorreu passam de adversárias a defensoras da cultura. Quanto maior o número delas em um círculo cultural, mais garantida torna-se essa cultura, mais ela conseguirá prescindir dos meios repressores externos. O grau dessa interiorização é muito diferente para cada tipo de proibição das pulsões. Em referência às mais antigas exigências da cultura aqui mencionadas, a interiorização parece ter sido amplamente alcançada quando deixamos de lado os neuróticos, como exceções indesejadas. Essa relação se modifica quando pensamos nas demais exigências das pulsões. Então percebemos, com surpresa e preocupação, que um grande número de pessoas só obedece a essas respectivas proibições da cultura sob a pressão da obrigação externa, portanto, só ali onde ela pode fazer-se valer, e só enquanto for temida. Isso se refere também àquelas assim chamadas exigências culturais morais destinadas a todos, da mesma forma. A maioria das coisas que sabemos a respeito da falta de confiabilidade das pessoas faz parte disso. Uma quantidade imensa de seres humanos pertencentes a uma cultura, e que recuariam horrorizados diante do assassinato ou do incesto, não se privariam da satisfação de sua cobiça, sua agressividade, seus prazeres sexuais, e não deixariam de prejudicar os outros com suas mentiras, falsidades, calúnias, se com isso pudessem ficar impunes. Há muitas eras culturais isso tem sido assim.

Nas restrições que se referem apenas a determinadas classes da sociedade, encontramos condições graves e nunca desdenhadas. O que se percebe é que essas classes relegadas invejam os direitos dos privilegiados, e farão de tudo para se livrarem de sua própria cota suplementar de privação. Onde isso não é possível, prevalece um grau constante de insatisfação no interior dessa cultura, o que poderá resultar em perigosas revoltas. Mas quando uma cultura não consegue evitar que a satisfação de alguns membros tenha como pressuposto a opressão de outros, talvez da maioria — e esse é o caso em todas as culturas atuais — então é compreensível que esses oprimidos desenvolvam uma intensa hostilidade contra a cultura que eles mesmos possibilitam por meio de seu trabalho, mas a cujos bens têm um acesso muito reduzido. Não podemos esperar que os oprimidos interiorizem as proibições da cultura quando não estão dispostos a reconhecê-las, e se empenham em destruir a própria cultura, eventualmente eliminando seus pressupostos. A hostilidade dessas classes à cultura é tão evidente, que nos tem impedido de enxergar a hostilidade das camadas sociais melhor posicionadas, na verdade até mais latente. Nem precisa ser dito que uma cultura, que deixa insatisfeito um tão grande número de membros e os incita à revolta, não tem e nem merece a perspectiva de se manter a longo prazo.

O grau de interiorização das regras da cultura — expressando-se isso de forma popular e não psicológica, poderíamos dizer: o nível moral dos membros — não é o único bem psíquico levado em conta na avaliação dessa cultura. Além disso, há seu patrimônio de ideais e de produção artística, isto é, as satisfações que podem ser obtidas a partir de ambos.

Muito facilmente somos levados a incluir os ideais de uma cultura, isto é, as avaliações de suas mais elevadas e árduas realizações, entre seus patrimônios psíquicos. À primeira vista, é como se esses ideais determinassem as realizações do círculo cultural; mas o verdadeiro desdobramento poderia ser aquele em que os ideais se formam depois das primeiras realizações, possibilitadas pelas interações das aptidões interiores e das condições exteriores, e que, então, são consolidadas pelo ideal para serem levadas adiante. Portanto, a satisfação que o ideal oferece aos membros da cultura é de natureza narcísica, ela se baseia no orgulho que eles sentem da realização bem-sucedida. Para chegar à perfeição ela necessita da comparação com outras culturas, que se envolveram em realizações diferentes e desenvolveram outros ideais. Por causa dessas diferenças, cada cultura considera-se no direito de menosprezar a outra. Desse modo, os ideais da cultura tornam-se um motivo de desavença e hostilidade entre diversos meios culturais, o que fica mais evidente no caso das nações.

A satisfação narcísica com o ideal da cultura também faz parte daqueles poderes que se contrapõem ao sentimento hostil a ela no interior do círculo cultural. Podem participar dessa satisfação, não apenas as classes privilegiadas que usufruem os benefícios dessa cultura, mas também a dos oprimidos, na medida em que o direito de desdenhar os que estão fora desse meio compensa-os pelo prejuízo que sofrem em seu próprio meio. Afinal, podia-se ser apenas um miserável plebeu atormentado por dívidas e pela obrigação ao serviço militar, mas em compensação era-se um romano, que assumia parte da tarefa de dominar outras nações e lhes impor leis. Essa identificação dos oprimidos com a classe que os domina e explora é apenas parte de um contexto maior. Por outro lado eles podem estar ligados afetivamente a essa classe dominante e, apesar da hostilidade, vislumbrar nela seus ideais. Se não existissem esses relacionamentos que basicamente podem satisfazê-los, seria incompreensível que qualquer cultura, apesar da legítima hostilidade das grandes massas humanas, pudesse ter sobrevivido por tanto tempo.

É de outra natureza a satisfação proporcionada pela arte aos membros de um círculo cultural, apesar de ela, via de regra, permanecer inacessível às massas que vivem sob o jugo exaustivo do labor constante, sem o direito de usufruir de qualquer espécie de educação pessoal. Como já aprendemos há muito tempo, a arte proporciona satisfações compensatórias para as renúncias mais antigas, atualmente ainda profundamente sentidas, e por isso, como nenhum outro, seu efeito é o de uma reconciliação com os sacrifícios impostos por elas. Por outro lado, suas criações elevam os sentimentos de identificação tão necessários a todo círculo cultural, por meio do estímulo às altamente valorizadas percepções vivenciadas em conjunto; mas elas também servem à satisfação narcísica quando representam as realizações de uma cultura em especial, lembrando seus ideais de forma expressiva.

A parte talvez mais significativa do inventário psíquico de uma cultura ainda nem sequer foi mencionada. Num sentido mais amplo, ela é o conjunto de suas ideias religiosas, ou seja, em palavras a serem justificadas posteriormente, as suas ilusões.

capítulo III

Qual é a importância específica das ideias religiosas?

Falamos de hostilidade à cultura, produzida pela pressão que ela exerce, pela exigência das renúncias às pulsões. Se imaginarmos a retirada de suas proibições, portanto, pudéssemos escolher qualquer mulher que nos agradasse como objeto sexual e, nessa conquista, sem nenhuma preocupação, matar o nosso rival ou qualquer outro que esteja em nosso caminho, tirar qualquer um dos bens de outra pessoa sem lhe pedir autorização, então, como seria boa a vida, com essa série de satisfações! Entretanto, logo nos deparamos com a próxima dificuldade. Qualquer outra pessoa terá exatamente os mesmos desejos que eu, e não me tratará com mais deferência do que eu a trataria. Basicamente então apenas um único indivíduo poderia tornar-se irrestritamente feliz com essa retirada das restrições impostas pela cultura, um tirano, um ditador, que se apropriaria de todos os meios de poder; porém mesmo ele terá todos os motivos de desejar que os outros obedeçam a pelo menos um dos mandamentos da cultura: não matarás.

Mas como seria ingrato, e até míope, ambicionar essa eliminação da cultura! O que resta então é o estado natural, bem mais difícil de suportar. É verdade, a natureza não exigiria de nós nenhuma restrição das pulsões, ela nos consentiria tudo isso, mas ela também possui seu jeito especial de nos restringir, ela nos mata fria e cruelmente sem nenhuma consideração, como nos parece, justamente nos momentos de nossas satisfações. Por causa desses perigos com que a natureza nos ameaça, é que nos reunimos e criamos a cultura, que, entre outras coisas, também deve tornar possível a nossa vida em comunidade. Afinal, a tarefa principal da cultura, a verdadeira razão de sua existência, é nos defender contra a natureza.

Sabe-se que inclusive atualmente a cultura já apresenta um desempenho razoável em alguns aspectos, provavelmente no futuro ela fará as coisas ainda melhor. Mas ninguém se deixa levar pela ilusão de acreditar que a natureza já está dominada; poucos ousam esperar que um dia ela estará totalmente subjugada. Eis os elementos que parecem zombar de qualquer tentativa de dominação: a Terra que treme, se dilacera, enterra tudo que é humano e toda obra humana, a água, que ao se transformar em torrente inunda e afoga tudo, a tempestade que arrasa tudo pela ventania; as doenças, que só há pouco tempo reconhecemos como agressões de outros seres vivos, e finalmente o doloroso enigma da morte, contra o qual até agora ainda não foi encontrada nenhuma ervinha medicinal e provavelmente nunca será encontrada. Com todos esses poderes a natureza se levanta contra nós, grandiosa, cruel, inexorável, colocando novamente diante de nossos olhos toda a nossa fraqueza e nosso desamparo, que pensávamos ter eliminado por meio da cultura. É uma das poucas impressões sublimes e favoráveis que podemos ter da humanidade quando, diante de uma catástrofe natural em sua experiência cultural, ela esquece todas as dificuldades e hostilidades internas e se lembra da grande missão coletiva de auto-preservação contra o imenso poder da natureza.

Assim como ocorre com a humanidade, para o indivíduo a vida é difícil de suportar. A cultura da qual ele faz parte lhe impõe uma certa dose de privação, as outras pessoas lhe causam um certo grau de sofrimento, apesar das regras da cultura ou mesmo por causa da imperfeição dessa cultura. A isso acrescentem-se os danos que a natureza indomada — ele a chama de destino — lhe impõe. A consequência disso é uma constante expectativa temerosa e uma pesada humilhação ao narcisismo natural. Já sabemos como o indivíduo reage contra os danos provocados pela cultura e outros, ele desenvolve um grau correspondente de resistência contra as instituições dessa cultura, de hostilidade contra essa cultura. Mas como ele se defende contra os grandes poderes da natureza que o ameaçam, e ameaçam a todos?

A cultura o poupa desse trabalho, ela o faz de forma igual para todos. Também vale a pena notar que quase todas as culturas fazem o mesmo. Ela não interrompe sua tarefa de defender o ser humano contra a natureza, apenas prossegue usando outros meios. Nesse caso a tarefa é múltipla, a autoestima muito ameaçada do ser humano clama por um consolo, os horrores do mundo e da vida precisam ser eliminados e, paralelamente, a ânsia de saber do ser humano, que naturalmente é estimulada pelo mais forte interesse prático, pede uma resposta.

Com o primeiro passo muita coisa já foi alcançada. E este é a humanização da natureza. Não conseguimos nem nos aproximar das forças e destinos impessoais, eles permanecem eternamente desconhecidos para nós. Mas quando se agitam as paixões nos elementos, como nas nossas próprias almas, quando nem mesmo a morte é algo espontâneo, mas o ato de violência de uma vontade maléfica, quando em todos os lugares da natureza há seres nos cercando, tal como os conhecemos da própria sociedade, então respiramos fundo, sentimo-nos em casa no imponderável, e conseguimos elaborar psiquicamente nosso medo irracional. Talvez ainda sejamos indefesos, mas não mais paralisados pelo desamparo conseguimos reagir minimamente, sim, talvez nem mesmo estejamos indefesos, pois podemos usar, contra esses violentos seres sobre-humanos, os mesmos meios que usamos na nossa sociedade. Podemos tentar evocá-los, apaziguá-los, suborná-los, retirando-lhes, por meio dessas influências, uma parte de seu poder. Uma substituição como essa, de uma ciência da natureza pela psicologia, produz não só um alívio imediato, mas também mostra o caminho à continuidade do domínio da situação.

Essa situação não é nova, ela tem um modelo infantil, na verdade é apenas a continuação de uma anterior, pois um dia já sentimos esse desamparo quando éramos uma criança pequena diante de um casal de pais adultos, do qual tínhamos razão de sentir medo, especialmente do nosso pai, apesar da certeza da sua proteção contra os perigos que conhecíamos na época. Assim é razoável compararmos as duas situações. E também, como na vivência onírica, surge o desejo de uma compensação. Um pressentimento de morte acomete o adormecido, quer colocá-lo no túmulo, mas o trabalho onírico sabe escolher a condição sob a qual também esse temido evento se converte na realização de um desejo: o sonhador se vê num antigo túmulo etrusco ao qual ele havia descido, serenamente, para a satisfação de seus interesses arqueológicos. Da mesma forma, o ser humano não transforma as forças da natureza em seres humanos com os quais possa relacionar-se, como se fossem seus semelhantes, o que também não faria jus à impressão avassaladora que ele tem delas, porém lhes confere um caráter paternal, transforma-as em deuses, e com isso segue não apenas um modelo infantil mas também, como tentei mostrar, um modelo filogenético.

Com o tempo são realizadas as primeiras observações da regularidade e das leis nas manifestações da natureza, e com isso as forças naturais perdem suas características humanas. Mas o desamparo dos seres humanos permanece, e com ele o anseio por um pai e pelos deuses. Os deuses conservam sua tripla tarefa de proscrever os horrores da natureza, reconciliar os seres humanos com a crueldade do seu destino, especialmente como ele lhes é apresentado na morte, e compensá-los pelos sofrimentos e privações que lhes são impostos pela convivência na cultura.

Mas gradualmente a ênfase nessas realizações se desloca. Percebemos que as manifestações da natureza desenrolam-se por si mesmas de acordo com as necessidades internas; certamente os deuses são os soberanos da natureza, eles a organizaram desse modo, e agora podem deixá-la entregue à própria sorte. Só eventualmente interferem em seu curso, em seus prodígios, como se quisessem garantir que não renunciaram a nenhuma fração de sua esfera de poder original. No que se refere à distribuição dos destinos, permanece uma desagradável percepção de que não se pode ajudar a espécie humana em seu desamparo e perplexidade. É nisso que os deuses mais fracassam, quando eles mesmos determinam o destino, por isso devemos considerar suas decisões impenetráveis. O povo mais talentoso da Antiguidade suspeita que a *Moira*[1] se situe acima dos deuses, e que estes possuam seus próprios destinos. Quanto

---

[1] Na cultura grega arcaica a palavra Moira significava "parte" ou "quinhão", derivada do verbo "*meiromai*" que quer dizer "dividir". Geralmente na literatura e entre os poetas e dramaturgos, as Moiras aparecem em número de três: Cloto, a fiandeira, segurava o fuso e fiava o fio da vida. Simbolizava os altos e baixos vividos por cada um de nós nos acontecimentos. Era a deusa dos partos e nascimentos. Láquesis era a que puxava e enrolava o fio, distribuindo a cada um seu quinhão de sorte, o seu destino, e Átropos era a que cortava o fio da vida, determinando a morte inevitável. (N.T.)

mais a natureza se torna independente e os deuses se afastam dela, mais seriamente concentram-se todas as expectativas na terceira tarefa destinada a eles, mais a moral torna-se seu verdadeiro domínio. Então passa a ser uma tarefa divina compensar as carências e prejuízos da cultura, levar em conta os sofrimentos que as pessoas infligem umas às outras na vida comunitária, zelar pelo cumprimento das prescrições da cultura, às quais as pessoas quase nunca obedecem. Atribui-se até uma origem divina a essas regras da cultura, elas são alçadas acima da sociedade humana, estendidas à natureza e aos eventos do mundo.

Assim é produzida uma grande riqueza de representações, nascida da necessidade de tornar mais suportável o desamparo humano, construída a partir das lembranças do desamparo da própria infância e da infância da espécie humana. Percebe-se claramente que esse patrimônio protege as pessoas em duas direções: contra os perigos da natureza e do destino, e contra os danos provenientes da própria sociedade humana. Nesse contexto isso significa o seguinte: a vida neste mundo serve a um objetivo maior, nada fácil de ser identificado, mas que certamente representa um aperfeiçoamento do ser humano. Provavelmente a parte espiritual do ser humano, a alma, que se separou do corpo tão lentamente e com tanta resistência ao longo dos anos, deve ser o objeto dessa elevação e dessa exaltação. Tudo o que acontece neste mundo é a obra de uma inteligência superior a nós que, mesmo por caminhos e desvios difíceis de serem percorridos, finalmente direciona tudo para o bem, isto é, para a nossa satisfação. Cada um de nós possui a proteção de uma Previdência bondosa, só aparentemente severa, que não permite que nos tornemos um brinquedo das forças violentas e implacáveis da natureza; até mesmo a morte não é uma aniquilação, não é um retorno à vida inorgânica, inanimada, e sim o início de uma nova forma de existência, que se situa no caminho do desenvolvimento superior. E pelo outro lado, as mesmas leis morais que erigiram as nossas culturas também regem todos os eventos do mundo, porém protegidas por uma instância legal superior com poder e implicações infinitamente maiores. Todo bem finalmente encontra sua recompensa, todo mal a sua punição, mesmo se não nesta forma de vida, então nas existências posteriores que começam após a morte. Com isso todos os medos, os sofrimentos e dificuldades da vida são condenados à extinção; a vida após a morte, que dá continuidade à nossa vida terrena, acrescentada como a parte invisível ao espectro da visível, traz toda a completude que talvez nos tenha faltado aqui. E a sabedoria superior que controla esse decurso, a bondade universal que nele se expressa, a justiça que se implanta por meio dele são as características dos seres divinos, que também criaram a nós e o mundo como um todo. Ou melhor, aquele ser divino que é a fusão, na nossa cultura, de todos os deuses do passado.

O povo que primeiro conseguiu alcançar essa concentração das características divinas ficou muito orgulhoso com esse progresso. Libertou o germe paternal há muito oculto em cada figura divina, o que basicamente foi um retorno aos inícios históricos da ideia de Deus. Então, como Deus era único, as relações com ele puderam recuperar a intimidade e a intensidade da relação infantil com o pai. Já que fizemos tanta coisa pelo pai, também queremos ser recompensados, pelo menos sendo aquele único filho amado, o povo eleito. Bem mais tarde os devotos Estados Unidos da América se apresentam com a pretensão de ser *"God's own country"*[2] e, para uma das formas sob as quais as pessoas veneram a divindade, isso até é adequado.

As ideias religiosas resumidas acima naturalmente passaram por um longo desenvolvimento, foram fixadas por diferentes culturas em diversas fases. Eu destaquei uma única dessas fases de desenvolvimento, aquela que corresponde à configuração final em nossa atual cultura branca, cristã atual. É fácil notarmos que nem todas as partes desse todo combinam igualmente entre si, que nem todas as perguntas prementes são respondidas, que a contradição da experiência cotidiana só pode ser recusada com muito esforço. Mas do jeito que estão, essas ideias — religiosas, no sentido mais amplo — são estimadas como o patrimônio mais

---

[2] No original em inglês, "O país pertencente a Deus". (N.T.)

valioso da cultura, como o bem mais precioso que ela pode oferecer aos seus participantes, avaliada como superior a todas as artimanhas para arrancar os tesouros da terra, para abastecer a humanidade com alimentos ou para prevenir suas doenças, etc. As pessoas alegam que não conseguem suportar a vida se não derem a essas ideias o devido valor. Então surge a pergunta, o que são essas ideias à luz da psicologia, em que se baseia essa avaliação tão elevada e, para prosseguir timidamente, qual é o seu verdadeiro valor?

capítulo IV

Uma pesquisa que avança ininterruptamente como um monólogo não é totalmente inofensiva. Com demasiada facilidade cedemos à tentação de afastar para bem longe os pensamentos que querem interrompê-la e, em troca, ficamos com uma sensação de insegurança, que no final queremos abafar com uma determinação excessiva. Portanto, eu imagino um opositor que acompanha as minhas explicações com muita desconfiança, e deixo-o pronunciar-se a cada trecho do texto: "O senhor usou repetidamente as expressões: 'a cultura criou essas ideias religiosas, a cultura colocou-as à disposição de seus membros', mas alguma coisa me soa estranha; eu mesmo não poderia dizer por quê, mas não consigo aceitar isso tão naturalmente quanto dizer que a cultura criou regras para a distribuição do produto do trabalho, ou para os direitos sobre esposa e filhos."

Mas eu ainda acho que tenho o direito de me expressar assim. Tentei mostrar que, como todas as outras conquistas da cultura, as ideias religiosas surgiram a partir da necessidade de nos defendermos contra o grande poder opressor da natureza. A isso acrescentou-se um segundo motivo, o forte desejo de corrigir as imperfeições da cultura, sentidas como desagradáveis. Também é especialmente adequado dizer-se que a cultura oferece essas ideias ao indivíduo, ele já as recebe prontas, ele não seria capaz de chegar a elas sozinho. É o legado de muitas gerações, que ele passa a compartilhar e assumir, como a matemática, a geometria, etc. Naturalmente no caso existe uma diferença, mas ela está em outro lugar, ainda não pode ser esclarecida. Quanto ao sentimento de estranheza que o senhor menciona, posso dizer que costumam apresentar-nos esse conjunto de ideias religiosas como uma manifestação divina. Isso já faz parte do sistema religioso, e negligencia totalmente o conhecido desenvolvimento histórico dessas ideias e suas diferenças em diversos tempos e culturas.

"Há outro ponto que me parece mais importante. O senhor diz que a humanização da natureza parte da necessidade de se dar um fim ao desamparo e à fragilidade humanas contra as temidas forças dessa natureza, estabelecer um relacionamento com elas e finalmente influenciá-las. Mas um motivo como esse me parece supérfluo. O ser humano primitivo não tem escolha, seu pensamento não percorre nenhum outro caminho. Para ele é natural, como se fosse inato, projetar seu ser para fora, para o mundo, ele vê todos os eventos que observa como expressões de seres basicamente semelhantes a ele. É seu único método de compreensão. E isso não seria, de modo algum, algo óbvio, seria muito mais uma coincidência bem estranha se ele conseguisse satisfazer uma de suas maiores necessidades ao se deixar levar por suas inclinações naturais."

Eu não acho isso tão surpreendente. Então o senhor acha que os pensamentos humanos desconhecem motivos práticos, que eles são apenas a expressão de simples desejos de conhecimento? Isso é bem improvável. Eu acredito muito mais que, mesmo ao personificar as forças naturais, a pessoa segue um modelo infantil. Com as primeiras pessoas que estiveram à sua volta ela aprendeu que, ao estabelecer uma relação com elas, abre caminho para influenciá-las e, por isso, mais tarde, com o mesmo propósito, trata todas as outras pessoas que encontra como aquelas do seu passado. Portanto, eu não contradigo sua observação descritiva, é natural para o ser humano personificar tudo o que ele quer entender, para mais tarde dominá-lo — a dominação psíquica como preparação para a dominação física — mas eu acrescento o motivo e a gênese a essa peculiaridade do pensamento humano.

"E agora mais uma terceira pergunta: o senhor já tratou uma vez da origem da religião, em seu livro *Totem und Tabu*[1] (Totem e Tabu). Mas ali as coisas aparecem de forma diferente. Tudo se resume à relação pai-filho, Deus é o pai superior, a nostalgia pelo pai é a raiz da necessidade religiosa.

---

[1] No livro *Totem e Tabu*, de 1913, Freud compara os ritos de povos primitivos com a neurose, relacionando o significado original do totemismo com o processo pelo qual passa o desejo inconsciente. O totem é uma escultura divinizada que representa plantas, animais ou antepassados, e o tabu é um dos mais antigos códigos não escritos da humanidade, com rigorosas prescrições comportamentais e sexuais, cuja violação traz sérias consequências para os membros de um grupo, clã ou tribo. (N.T.)

Desde então parece-nos que o senhor descobriu o momento da fragilidade e do desamparo humanos, ao qual, geralmente, é atribuído o mais importante papel na formação da religião; mas agora o senhor reescreve nos termos do desamparo humano tudo o que antes era atribuído ao complexo paternal. Eu poderia pedir-lhe explicações sobre essa mudança?"

Com todo prazer, eu só estava esperando a oportunidade para esclarecer isso, caso seja de fato uma mudança. Em *Totem e Tabu* eu não quis explicar o surgimento das religiões, mas apenas o do totemismo. O senhor consegue compreender, a partir de qualquer um de seus conhecidos pontos de vista, que a primeira forma através da qual a divindade protetora se manifestou ao ser humano foi a do animal, de que havia uma proibição de matar e consumir esse animal, porém também havia o costume festivo de matá-lo e consumi-lo coletivamente uma vez por ano? É justamente isso que ocorre no totemismo. E não seria muito apropriado discutirmos se devemos chamar o totemismo de religião. Ele estabelece relações estreitas com as religiões teológicas posteriores, os animais totêmicos tornam-se os animais sagrados dos deuses. E as primeiras, porém mais profundas restrições morais — as proibições do incesto e do assassinato — brotam do solo do totemismo. Aceitando ou não as conclusões de *Totem e tabu*, pelo menos espero que o senhor admita que no livro um grande número de importantes fatos dispersos foi condensado em um todo muito consistente.

Por que a longo prazo o deus animal não foi suficiente, e foi substituído pelo ser humano, é algo que quase não foi mencionado no *Totem e tabu*, e outros problemas da formação das religiões também não foram mencionados no livro. O senhor considera essa restrição idêntica a uma negação? Meu trabalho é um bom exemplo do rígido isolamento em que é colocada a contribuição, oferecida pela visão psicanalítica, para a solução do problema religioso. Quando agora eu tento acrescentar o outro lado não tão profundamente oculto, o senhor não deverá me acusar de ser contraditório, como antes me acusou de unilateralidade. Naturalmente é minha tarefa mostrar os caminhos da ligação entre o que foi dito antes e o que foi apresentado agora, entre a motivação mais profunda e a manifesta, entre o complexo paternal e o desamparo e a necessidade de proteção do ser humano.

Não é difícil encontrarmos essas ligações. Elas são as relações do desamparo da criança com o que surge posteriormente no adulto; assim, como era de se esperar, a motivação psicanalítica da formação religiosa torna-se a contribuição infantil à sua motivação manifesta. Vamos nos transportar para a vida psíquica de uma criança. O senhor se lembra da escolha do objeto segundo o tipo de apoio, do qual fala a análise? A libido segue os caminhos das necessidades narcísicas e se apoia nos objetos que asseguram a sua satisfação. Assim a mãe, que satisfaz a fome da criança, torna-se o primeiro objeto de amor e certamente também a primeira proteção contra todos os perigos externos difusos e ameaçadores, a primeira proteção contra o medo, por assim dizer.

Nessa função protetora a mãe logo é trocada pelo pai, que se mantém nela por toda a infância do filho. Mas a relação com o pai é dotada de uma peculiar ambivalência. Ele mesmo era um perigo, talvez por causa da antiga relação com a mãe. Assim o tememos na mesma medida em que ansiamos por ele e o admiramos. Os sinais dessa ambivalência na relação com o pai estão profundamente impregnados em todas as religiões, como já explicamos em *Totem e tabu*. Quando a pessoa cresce e percebe que nunca poderá prescindir da proteção contra as forças superiores estranhas, ela confere a essas forças os traços da figura do pai, cria os deuses que teme e que busca conquistar, e aos quais, no entanto, confia sua proteção. Assim o motivo do anseio pelo pai é idêntico à necessidade de proteção contra as consequências da fragilidade humana; a defesa contra o desamparo infantil confere seus traços característicos à reação contra o desamparo que o adulto precisa reconhecer, uma reação que consiste na formação da religião. Mas não é nossa intenção continuar pesquisando o desenvolvimento da ideia de Deus; aqui estamos tratando do repertório já pronto das ideias religiosas, da forma como a cultura o transmite ao indivíduo.

capítulo V

Para retomarmos o fio da meada: qual é então o significado psicológico da ideia de religião, como podemos classificá-la? Não é nada fácil respondermos a essa pergunta. Depois de rejeitarmos diversas formulações, vamos deter-nos em uma única: são dogmas, afirmações sobre fatos e condições da realidade externa (ou interna), que transmitem algo que não encontramos por conta própria e que reivindicam a nossa crença neles. Como eles nos dão informações sobre o que é mais importante e interessante na nossa vida, são altamente valorizados. Aquele que não sabe nada a seu respeito é muito ignorante; aquele que os incorporou ao seu conhecimento pode considerar-se bastante enriquecido.

Naturalmente existem muitos dogmas desse tipo sobre as mais diversas coisas deste mundo. Todas as aulas estão repletas deles. Vamos escolher os de geografia. Ali podemos ficar sabendo que a cidade de Constança se situa junto ao lago de Constança *(Bodensee)*.[1] Uma canção estudantil acrescenta: "Quem não acredita, vá até lá e veja". Por acaso eu estive lá e posso confirmar que a bela cidade fica às

---

[1] O lago de Constança é atravessado pelo rio Reno, e situa-se na fronteira da Alemanha com a Áustria e a Suíça. (N.T.)

margens de uma vasta extensão de água, conhecida por todos os habitantes da redondeza como lago de Constança. Agora eu também estou totalmente convencido de que essa afirmação geográfica está correta. Com isso também me lembro de outra vivência, muito peculiar. Eu já era um homem maduro quando me vi pela primeira vez sobre a colina da acrópole de Atenas, no meio das ruínas do templo, olhando para o mar azul. À minha felicidade juntou-se uma sensação de espanto, que me inspirou a dar a seguinte explicação: "Então, isso é de fato assim, como aprendemos na escola! Como deve ter sido superficial e frágil a minha crença na veracidade do que ouvi, na época, a ponto de ficar tão espantado, hoje!". Mas não quero enfatizar demais o significado dessa vivência, pois ainda há outra explicação possível para meu espanto, que não me ocorreu na época; ela é de natureza totalmente subjetiva, e tem relação com a particularidade do local.

Portanto, todos esses dogmas exigem a crença em seus conteúdos, mas não sem fundamentar sua pretensão. Eles se apresentam como o resultado resumido de um longo processo de pensamento baseado na observação, e certamente também na dedução, inclusive apontando os devidos caminhos àquele que tiver a intenção de passar por esse processo pessoalmente, em vez de simplesmente aceitar seu resultado. E sempre se acrescentará a origem do conhecimento transmitido pelo dogma, ali onde ele não for tão óbvio, como no caso das afirmações geográficas. Por exemplo, a Terra tem o formato de uma esfera; como provas disso são apresentadas as experiências com o pêndulo de Foucault, o comportamento do horizonte, a possibilidade de circunavegação da Terra. Como todos podem constatar, é impossível enviarmos todos os alunos a uma viagem de circunavegação; temos de nos satisfazer em permitir que eles aceitem os ensinamentos da escola de forma "fiel e crível", mas sabemos que o caminho à convicção pessoal permanece aberto.

Vamos tentar aplicar o mesmo parâmetro aos dogmas religiosos. Quando perguntamos em que se baseia a sua pretensão de credibilidade, obtemos três respostas, que estranhamente não combinam muito entre si.

1.Eles merecem crédito porque nossos antepassados já acreditavam neles.

2. Possuímos provas que nos foram legadas daqueles tempos passados.

3. E, no geral, é proibido questionar a credibilidade dessas provas. Antigamente essa ousadia recebia as mais duras punições, e ainda hoje a sociedade não vê sua repetição com bons olhos.

Esse terceiro ponto deve despertar as nossas maiores preocupações. Uma proibição como essa só pode ter um motivo, o de que a sociedade conhece muito bem a fragilidade da pretensão que apresenta para suas doutrinas religiosas. Se fosse diferente, ela por certo colocaria o material para isso à disposição, prestativamente, para todo aquele que quisesse formar a sua própria convicção. Por isso decidimos examinar os outros dois argumentos, com uma desconfiança difícil de apaziguar. Devemos acreditar, porque nossos antepassados acreditaram. Mas esses nossos antepassados eram muito mais ignorantes do que nós, eles acreditavam em coisas que hoje seriam impossíveis de aceitar. Surge a possibilidade de que essas doutrinas religiosas também possam ser desse tipo. As provas que eles nos legaram estão registradas em textos que mostram todas as características de uma total ausência de confiabilidade. São contraditórios, reelaborados, falsificados, sem nenhum credenciamento para uma comprovação efetiva de autenticidade. Não ajuda muito quando dizem que suas afirmações textuais ou apenas seus conteúdos têm origem na revelação divina, pois essa afirmação já é ela mesma uma parte daquelas doutrinas que devem ser examinadas quanto à sua credibilidade, e nenhuma proposição pode ser provada por si mesma.

Assim chegamos ao estranho resultado de que justamente essas informações do nosso patrimônio cultural poderiam ter o maior significado para nós, pois a elas é atribuída a tarefa de esclarecer os enigmas mundiais e nos reconciliar com os sofrimentos da vida; mas justamente elas possuem a mais fraca das credenciais. Não poderíamos decidir-nos a aceitar um fato para nós indiferente, como o de que as baleias dão à luz filhotes em vez de ovos, se ele não pudesse ser melhor comprovado.

Esse fato é em si um peculiar problema psicológico. E que ninguém queira acreditar que as observações aqui apresentadas, sobre a impossibilidade da comprovação das doutrinas religiosas, contenham algo novo. Essa impossibilidade foi sentida em todos os tempos, certamente também pelos antepassados que nos deixaram esse legado; provavelmente muitos deles nutriam as mesmas dúvidas que nós, mas a pressão que sofriam era forte demais, por isso não ousavam expressá-las. E desde então inúmeras pessoas se atormentaram com as mesmas dúvidas, que tentaram reprimir, porque se consideravam obrigadas a acreditar; muitos intelectuais brilhantes sucumbiram a esse conflito, e muitas personalidades foram prejudicadas pelos compromissos nos quais buscavam uma saída.

Se todas as provas da confiabilidade dos dogmas religiosos até agora apresentadas provêm do passado, é razoável olharmos em volta e verificarmos se o presente, com sua melhor condição de avaliação, também não poderia oferecê-las. Se conseguíssemos excluir dessas dúvidas apenas uma única parte de um sistema religioso, o todo ganharia extraordinariamente em credibilidade. Nesse caso inclui-se a atividade dos espíritas que acreditam na continuidade da alma individual, e que querem demonstrar-nos que esse princípio da doutrina religiosa é isento de qualquer dúvida. Mas infelizmente eles não conseguem refutar que as aparições e expressões de seus espíritos são apenas o produto das suas próprias atividades psíquicas. Eles evocaram os espíritos dos maiores seres humanos, dos pensadores mais excepcionais, porém todas as afirmações e informações que obtiveram deles foram tão descabidas, tão desoladamente vazias, que não podemos acreditar em nada além da capacidade desses espíritos de se adequarem ao círculo de pessoas que os invoca.

Podemos pensar apenas em duas tentativas, que dão a impressão de um esforço obstinado para evitar o problema. Uma delas, de natureza opressiva, é bastante antiga, a outra é sutil e moderna. A primeira é o *credo quia absurdum*[2] de um padre da Igreja. Isso quer dizer que as doutrinas religiosas não obedecem às exigências da razão, que estão acima da razão. Devemos sentir a sua verdade interiormente, não precisamos entendê-la. Esse *credo* é interessante apenas como uma profissão de fé, como um imperativo ele não é obrigatório. Devo ser obrigado a acreditar nesses absurdos? E se não, por que justamente nesses? Não existe nenhuma instância acima da razão. Quando a verdade das doutrinas religiosas depende de uma vivência interior que possa atestar essa verdade, o que fazemos com aquelas muitas pessoas que não têm uma vivência tão rara? Podemos exigir de todas as pessoas que utilizem o dom da razão que possuem, mas não podemos construir uma obrigação válida para todos sobre um motivo que só existe para muito poucos. Quando um deles obtém a convicção

---

[2] Do original em latim: "Creio por ser absurdo", é uma frase de Tertuliano, mas atribuída a Santo Agostinho, com o sentido de que a fé deve dispensar toda compreensão. (N.T.)

inabalável da verdade das doutrinas religiosas a partir de um estado extático que o toca profundamente, o que isso significa para o outro?

A segunda tentativa é a da filosofia do "como se". Ela explica que na atividade do nosso pensamento existem abundantes suposições cuja falta de base, cujo absurdo, até reconhecemos totalmente. Elas se chamam ficções, mas por diversos motivos práticos nós nos deveríamos comportar "como se" acreditássemos nelas. Isso vale para as doutrinas religiosas, devido à sua incomparável importância para a manutenção da sociedade humana.[3] Essa argumentação não está muito distante do *Credo quia absurdum*. Mas penso que a exigência do "como se" é tal que só um filósofo é capaz de elaborá-la. O ser humano cujo pensamento não seja influenciado pelas artes da filosofia nunca poderá aceitá-la, para ele tudo está resolvido quando aceita o absurdo, a irracionalidade. Justamente ao tratar de seus mais importantes interesses, ele não pode ser obrigado a renunciar à certeza que costuma exigir para todas as suas outras atividades corriqueiras. Lembro-me que já precocemente um de meus filhos destacava-se

---

[3] Espero não estar cometendo nenhuma injustiça quando atribuo ao filósofo do "como se" a representação de um ponto de vista que também não é estranho a outros pensadores. Ver H. Vaihinger, *Die Philosophie des "Als ob"* (A filosofia do "como se") (7ª. e 8ª edições, 1922, p. 68): "No contexto da ficção incluímos operações não apenas indiferentes, teóricas, mas também formações conceituais imaginadas pelos homens mais nobres, às quais se prendem os corações da parte mais nobre da humanidade, que não se deixa libertar delas. E também nem queremos fazer isso, permitimos que tudo permaneça como uma *ficção prática*; porém, como uma *verdade teórica*, ela fenece". (N.A.)

por dar uma ênfase especial à realidade das coisas. Quando se contava uma fábula para as crianças, à qual escutavam com muita atenção, ele perguntava: "Essa história é verdadeira?". Quando se dizia que não, ele ia embora fazendo uma careta. Podemos esperar que as pessoas logo se comportem da mesma forma com relação às fábulas religiosas, apesar da intercessão do "como se".

Mas atualmente elas ainda se comportam de forma totalmente diferente, e no passado, apesar da sua irrefutável falta de credibilidade, as ideias religiosas tiveram a maior influência sobre a humanidade. Esse é um novo problema psicológico. Devemos perguntar no que consiste a força dessas doutrinas, a qual condição elas devem toda essa eficácia, tão independente de uma aceitação racional?

capítulo VI

Acho que já foi suficiente o que preparamos como resposta às duas perguntas. Essa resposta se revela quando examinamos a gênese psíquica das ideias religiosas. As que se apresentam como dogmas não derivam de experiências ou resultados finais de uma reflexão, elas são ilusões, realizações dos desejos mais antigos, mais fortes e urgentes da humanidade; o segredo da sua força está na força desses desejos. Já sabemos que a assustadora sensação de desamparo infantil despertou a necessidade de proteção — proteção pelo amor — provida pelo pai, e que o reconhecimento da continuidade desse desamparo por toda a vida produziu uma fixação na existência de um outro pai — agora mais poderoso. O medo dos perigos da vida é amenizado pela bondosa proteção da Providência divina, e a introdução de uma ordem mundial moral assegura a realização do anseio por justiça, que tantas vezes permaneceu irrealizado na cultura humana; o prolongamento da existência terrena por meio de uma vida futura constitui o contexto situacional e temporal no qual as realizações desses desejos devem concretizar-se. As respostas a perguntas enigmáticas formuladas pelo ser humano ávido de conhecimento, como aquelas sobre o surgimento do mundo e a relação entre o físico e o psíquico, são desenvolvidas sob o pressuposto desse sistema; para o psiquismo individual representa um imenso alívio, quando os conflitos da infância, nunca totalmente superados, são retirados do complexo paterno e direcionados a uma solução aceita por todos.

Quando afirmo que tudo isso são ilusões, preciso restringir o significado da palavra. Uma ilusão não é a mesma coisa que um engano, ela também não é necessariamente um engano. A opinião de Aristóteles, na qual até hoje o povo ignorante acredita, de que todo tipo de inseto nocivo se desenvolve a partir da imundície, foi um engano, assim como a de uma antiga geração de médicos quando afirmava que a *Tabes dorsalis*[1] era a consequência da prática de excessos sexuais. Seria um equívoco chamar esses enganos de ilusões. Por outro lado, foi uma ilusão de Colombo imaginar ter descoberto um novo caminho marítimo para as Índias. A parcela do seu desejo nesse engano é bem evidente. Podemos também qualificar como ilusão a afirmação de determinados nacionalistas, de que os indo-germanos seriam a única raça humana apta à cultura; ou a crença, só destruída posteriormente

---

[1] A tabes dorsal ou (tísica dorsal), é um problema causado por uma degeneração da medula, em decorrência de uma sífilis mal curada, que muitas vezes aparece anos depois de uma infecção primária. (N.T.)

pela psicanálise,[2] de que a criança seria um ser sem sexualidade.

No caso da ilusão, é característica a sua derivação dos desejos humanos; sob esse aspecto ela se aproxima da concepção psiquiátrica da alucinação, mas, mesmo sem considerar a complicada estrutura desta última, a ilusão também se diferencia dela. No caso da alucinação enfatizamos como essencial a contradição com a realidade, enquanto a ilusão não precisa estar necessariamente errada, isto é, ser irrealizável ou estar em contradição com a realidade. Por exemplo, uma moça da plebe pode ter a ilusão de que um príncipe virá buscá-la e levá-la para seu castelo. Isso é até possível, já ocorreram alguns casos desse tipo. Bem menos provável é a vinda de um Messias para inaugurar uma nova Era de Ouro; de acordo com a situação pessoal de quem afirma isso, essa crença será classificada como uma ilusão, ou como análoga a uma alucinação. Exemplos de ilusões que se confirmaram não são fáceis de encontrar. Mas a ilusão dos alquimistas de conseguirem transformar todos os metais em ouro poderia ser uma dessas. Na nossa visão atual

---

[2] É a forma de tratamento das neuroses criada por Freud em 1890, e desde então elaborada por ele, seus discípulos e seguidores. Os seus conceitos chave são: a) A livre associação, que substituiu a hipnose; b) A interpretação, que substituiu a sugestão; e c) A transferência. Algumas técnicas psicanalíticas consistem em instruir e ajudar o paciente a fazer associações livremente, interpretando-as e identificando os obstáculos que encontra ao tentar realizá-las, e a interpretar também seus sentimentos e atitudes em relação ao analista. (N.T.)

das condições de riqueza, o desejo de ter muito ouro, tanto ouro quanto possível, está bastante arrefecido, entretanto a química não considera mais impossível uma transformação dos metais em ouro. Portanto, chamamos uma crença de ilusão quando, em sua motivação, prevalece a satisfação do desejo, e com isso sua relação com a realidade é ignorada, da mesma forma que a própria ilusão renuncia à sua comprovação.

De acordo com essas orientações, voltemos às doutrinas religiosas, repetindo: são todas ilusões indemonstráveis. Ninguém pode ser obrigado a considerá-las verdadeiras, a acreditar nelas. Algumas são tão improváveis, tão contraditórias em relação a tudo que aprendemos arduamente sobre a realidade do mundo, que nós — com a devida consideração das diferenças psicológicas — podemos até compará-las às ideias alucinatórias. Não podemos opinar sobre o teor de realidade da maioria delas. Assim como elas são indemonstráveis, também são incontestáveis. Ainda sabemos muito pouco para nos aproximarmos criticamente delas. Os enigmas do mundo só se revelam muito lentamente às nossas pesquisas, a ciência ainda não consegue dar nenhuma resposta a muitas questões. Mas o trabalho científico é o único caminho que pode conduzir-nos ao conhecimento da realidade exterior a nós. Novamente é apenas ilusão esperarmos algo da intuição e da introspecção, elas nada podem nos transmitir sobre nossa vida psíquica além de informações superficiais, de difícil interpretação, mas nunca esclarecimentos sobre as questões cujas respostas são tão fáceis para a doutrina religiosa. Permitir que a lacuna seja ocupada pela própria arbitrariedade, de acordo com a avaliação pessoal, declarar mais, ou menos aceitável esta ou aquela parte do sistema religioso, seria injurioso. Para isso essas questões são significativas demais, poderíamos até dizer, sagradas demais.

Nesse ponto podemos esperar a seguinte objeção: portanto, se até mesmo os mais obstinados céticos reconhecem que as afirmações da religião não podem ser contestadas pela razão, por que então eu não deveria acreditar nelas, quando têm tanto a seu favor: a tradição, a concordância das pessoas e todo o seu conteúdo consolador? Sim, por que não? Assim como ninguém pode ser obrigado a crer, também não pode ser obrigado a não crer. Mas não devemos incorrer no autoengano, pensando que com essas justificativas estamos percorrendo o caminho do pensamento correto. Se alguma vez a acusação de "desculpa esfarrapada" coube em algum lugar, então foi aqui mesmo. Ignorância é ignorância; nenhum direito de crer em algo deriva dela. Nenhuma pessoa sensata se comportaria tão levianamente em relação a outros assuntos, contentando-se com justificativas tão pobres para suas opiniões, para o partido que assumiu; ela só se permitirá fazer isso em questões mais elevadas e sagradas. Na realidade são apenas esforços de simular diante delas mesmas e dos outros, que na verdade elas continuam apegadas à religião, quando há muito já se desligaram dela. No caso das questões religiosas, as pessoas tornam-se culpadas de todo tipo de falsidades e más atitudes intelectuais. Filósofos deturpam o significado de palavras até não sobrar quase nada de seu significado original, eles chamam de "Deus" qualquer abstração difusa que criaram, e então, diante de todo o mundo, passam a ser também deístas, crentes em Deus; vangloriam-se de ter descoberto um conceito de Deus mais elevado, mais puro, apesar de seu Deus ter-se tornado apenas uma sombra vazia e não mais a poderosa personalidade das doutrinas religiosas. Os críticos insistem em declarar como "profundamente religiosa" uma pessoa que se professa ao sentimento da pequenez e da impotência perante o mundo, apesar de esse sentimento não ser importante para a essência da religião, pois o importante mesmo é apenas o passo seguinte, a reação a esse sentimento, que busca uma ajuda contra ele. Quem não avança, quem se resigna humildemente com o papel insignificante do ser humano na vastidão do mundo, é irreligioso, no verdadeiro sentido da palavra.

Não está nos planos deste ensaio assumir uma posição quanto à veracidade das doutrinas religiosas. Basta-nos tê-las reconhecido como ilusões, em sua natureza psicológica. Mas não precisamos esconder que essa descoberta também influencia fortemente nossa posição sobre a questão, que para muitos pode parecer a mais importante. Já sabemos em que épocas aproximadamente as doutrinas religiosas foram criadas, e por quais pessoas. Se soubermos também os motivos pelos quais isso aconteceu, então nosso ponto de vista sobre o problema religioso passará por uma visível mudança. Dizemos a nós mesmos que seria muito bom se existisse um Deus que fosse criador do mundo e também Providência benevolente, uma ordem moral universal e uma vida no além, mas nos chama muito a atenção que tudo isso deva ser do modo como desejamos. E seria mais estranho ainda se nossos pobres e iletrados antepassados que nem tinham tanta liberdade, tivessem sido bem-sucedidos na solução de todos esses difíceis enigmas universais.

capítulo VII

Ao reconhecermos as doutrinas religiosas como ilusões, imediatamente nos perguntamos se outros ideários culturais que valorizamos tanto e que permitimos que dominem nossa vida, não teriam natureza semelhante. Será que os pressupostos que regulam nossas instituições estatais não deveriam também ser chamados de ilusões, e as relações entre os gêneros em nossa cultura não seriam também turvadas por uma, ou uma série de ilusões eróticas? Já que nossa desconfiança foi despertada, não recuaremos ao perguntar se nossa convicção de conseguir descobrir algo da realidade externa por meio da observação e do pensamento no trabalho científico não possuiria melhores fundamentos. Nada deve impedir-nos de aceitar a observação de nosso próprio ser e a aplicação do pensamento em sua crítica. Começa aqui uma série de análises, cujo resultado seria decisivo para a construção de uma "visão de mundo". Também imaginamos que esse esforço não será desperdiçado, e que justificará, pelo menos em parte, a nossa desconfiança. Mas a capacidade do autor impede que ele realize uma tarefa tão abrangente e, forçado pela necessidade, ele limitará seu trabalho ao acompanhamento de uma única dessas ilusões, ou seja, a religiosa.

A voz forte de nosso adversário manda-nos parar. Somos convocados a justificar nossos comportamentos ilícitos. Ele nos diz:[1]

"Os interesses arqueológicos são bastante louváveis, mas não se fazem escavações quando, com elas, destruímos os locais de moradia dos vivos, fazendo com que desmoronem e soterrem as pessoas sob os seus escombros. As doutrinas religiosas não são um objeto que podemos esmiuçar, como faríamos com outro qualquer. Nossa cultura foi construída sobre elas, a preservação da sociedade humana tem como pressuposto que as pessoas, em sua maioria, acreditem na veracidade dessas doutrinas. Se lhes ensinarmos que não existe nenhum Deus onipotente e justo, nenhuma ordem mundial divina e nenhuma vida futura, elas se sentirão livres de toda obrigação de obedecer às prescrições da cultura. Obedecerão livremente e sem medo a todos os seus impulsos antissociais e egoístas, buscarão exercer o seu poder, e assim recomeçará aquele caos que conseguimos banir depois de um trabalho cultural de muitos milênios.

---

[1] Provavelmente o interlocutor imaginário de Freud neste texto é seu amigo Oskar Pfister (1873–1956), reverendo suíço, que aderiu ao movimento psicanalítico em 1908, pensando em utilizar a psicanálise na sua prática de pastor protestante. Mas Freud, apesar de uma longa amizade com ele, diverge dessa sua ideia, afirmando que a psicanálise não é religiosa nem irreligiosa, ela é neutra, é apenas um instrumento para o alívio do sofrimento psíquico humano. Em uma das cartas de sua profusa correspondência com Freud, Pfister diz que "prefere ler as afirmações de um descrente sensato do que de mil crentes falsos". (para mais informações ver a nota 1 do capítulo I) (N.T.)

Mesmo se soubéssemos e pudéssemos provar que a religião não está na posse da verdade, deveríamos silenciar sobre isso e nos comportar de acordo com a exigência da filosofia do "como se". No interesse da preservação de todos! E sem falar no perigo ligado a esse empreendimento, isso também seria uma crueldade inútil. Inúmeras pessoas encontram nas doutrinas da religião seu único consolo, e só conseguem suportar a vida graças à sua ajuda. Queremos retirar-lhes esse apoio, mas não temos nada melhor para lhes oferecer em troca. Já se admitiu que a ciência atualmente não nos oferece muita coisa, e mesmo se tivesse avançado muito, não seria suficiente para as pessoas. O ser humano possui outras necessidades imperativas que nunca poderão ser satisfeitas pela fria ciência, e é muito estranho, até mesmo o ápice da inconsequência, quando um psicólogo que sempre enfatizou o quanto a inteligência na vida das pessoas recua diante da vida pulsional, esforça-se em privá-las de uma valiosa satisfação dos desejos, pretendendo indenizá-las com um alimento intelectual.

São muitas queixas de uma só vez! Mas estou preparado para responder a todas elas, e além disso, defenderei o argumento de que para a cultura, representa um perigo maior mantermos sua relação atual com a religião do que a suprimirmos. Entretanto, não sei muito bem como iniciar a minha resposta.

Talvez com a certeza de que eu mesmo considero meu empreendimento totalmente inofensivo e nem um pouco perigoso. Desta vez a supervalorização do intelecto não está do meu lado. Se as pessoas são como meus opositores as descrevem — e não quero contradizê-los — não há perigo de que um crente devoto, convencido por meus argumentos, aceite renunciar à sua crença. Além disso, eu não disse nada que outros homens, até melhores, disseram antes de mim, de uma forma muito mais completa, enfática e impressionante. Os nomes desses homens são conhecidos, mas não vou mencioná-los, pois não quero dar a impressão de que pretendo colocar-me junto a eles. Eu somente acrescentei — e essa é a única novidade na minha apresentação — alguma fundamentação psicológica à crítica de meus grandes antecessores. Mas não se pode esperar que justamente esse acréscimo tenha o efeito que não foi produzido por eles. Naturalmente agora poderiam perguntar-me para que escrevemos essas coisas, se estamos certos de que não serão eficazes. Voltaremos a isso mais tarde.

O único ao qual essas publicações poderão causar algum dano sou eu mesmo. Serei obrigado a ouvir as mais desagradáveis acusações de superficialidade, estreiteza, ausência de idealismo e falta de compreensão dos mais elevados interesses da humanidade. Mas, por um lado, essas admoestações não são novas para mim, e por outro, quando nos seus anos de juventude alguém já passou por cima do desagrado de seus contemporâneos, que mal isso poderia fazer-lhe na maturidade, se está certo de logo ser afastado de qualquer estima ou rejeição? Em tempos antigos era diferente, por meio dessas afirmações considerava-se como certa uma redução de sua existência terrena e uma boa aceleração da oportunidade de fazer as próprias experiências da vida no além. Mas eu repito, aqueles tempos já passaram e atualmente esse tipo de escrita é inofensivo inclusive para o autor. O máximo que pode ocorrer é o seu livro não ser traduzido nem distribuído em um ou outro país. Obviamente sempre num país ciente do alto nível da sua cultura. Mas quando se defende a renúncia ao desejo e a submissão ao destino, deve-se também ser capaz de suportar esse prejuízo.

Então eu me pergunto se a publicação deste texto não poderia causar um mal a alguém. Talvez não a uma pessoa, mas a uma causa, a causa da psicanálise. Não se pode negar que ela seja uma criação minha, e já lhe demonstraram uma profusa desconfiança e muito desagrado. Se agora apareço com afirmações tão desagradáveis, todos vão dispor-se a transferir a minha pessoa para a psicanálise. "Agora sabemos", dirão eles, "para onde leva a psicanálise. Como sempre suspeitamos, a máscara caiu; tudo isso conduz à negação de Deus e do ideal moral. Para nos afastar dessa revelação, enganaram-nos dizendo que a psicanálise não tem nenhuma visão de mundo nem teria condições de criá-la".

Essa barulheira de fato será bem desagradável para mim, por causa de meus muitos colaboradores, alguns dos quais nem mesmo compartilham a minha opinião sobre os problemas religiosos. Mas a psicanálise já superou muitas tormentas, devemos também expô-la a mais esta. Na verdade, a psicanálise é um método de investigação, um instrumento neutro, apartidário, como o cálculo infinitesimal. Quando um físico, com a ajuda desse cálculo, descobre que depois de um certo tempo a Terra vai sucumbir, teríamos dúvidas em atribuir tendências destrutivas ao próprio cálculo e o rejeitarmos por causa disso. Tudo o que eu disse aqui contra a veracidade das religiões não precisou da psicanálise, pois já foi dito por muitas outras pessoas, bem antes da existência dela. Se pudermos obter um novo argumento contra a verdade das religiões a partir da aplicação do método psicanalítico, *tantpis*[2] para a religião, mas, com o mesmo direito, os defensores da religião utilizarão a psicanálise para reconhecer plenamente o significado emocional da doutrina religiosa.

Então, prosseguindo na defesa: evidentemente a religião prestou grandes serviços à cultura humana, contribuiu muito para o controle das pulsões associais, mas não o suficiente. Por muitos milênios ela dominou a sociedade humana, teve tempo de mostrar o que é capaz de realizar. Se tivesse conseguido levar felicidade à maioria das pessoas, consolá-las, reconciliá-las com a vida, torná-las defensoras da cultura, ninguém teria tido a ideia de lutar por uma mudança das condições existentes. Mas o que vemos em vez disso? Vemos que há um número assustadoramente grande de pessoas infelizes e insatisfeitas com a cultura, sentem-na como um jugo do qual precisam libertar-se. Ou elas concentram todas as suas forças numa mudança

---

[2] Do original francês "tanto pior". (N.T.)

da cultura, ou irão tão longe em sua hostilidade a ela que rejeitarão de uma vez por todas essa cultura e sua restrição às pulsões. No caso, poderão questionar-nos dizendo que essa situação decorre do fato de a religião ter perdido uma parte da sua influência sobre as massas humanas, justamente por causa do lamentável efeito dos avanços da ciência. Vamos lembrar-nos dessa afirmação e de sua justificativa, e mais tarde usá-las para nossos propósitos; mas o argumento em si é frágil.

É questionável que, na época do domínio irrestrito das doutrinas religiosas, as pessoas tenham sido mais felizes do que hoje, porém com certeza não eram mais éticas. Elas sempre conseguiram alienar as prescrições religiosas e assim frustrar seus propósitos. Os sacerdotes, que deveriam zelar pela obediência à religião, eram tolerantes com elas. A bondade de Deus deveria aplacar Sua justiça. Pecava-se, e depois trazia-se uma oferenda ou cumpria-se uma penitência, então estava-se livre para pecar de novo. A "Interioridade Russa"[3]

---

[3] "Interioridade Russa (*Russische Innerlichkeit*)" é uma expressão muito utilizada por autores do início do século XX, inclusive Lou Andreas Salome, citada no livro de Gisela Brinker Gabler, *"Reading Lou Andreas Salome"*: *"Educated russians love the people, but not as 'equals' (ebenbürtig). They are alienated from the common russian people and their 'creative, religious inwardness' (schöpferische, gläubige Innerlichkeit) although and because they themselves suffer from it"*. (Os russos educados amam o povo, mas não como iguais. Eles estão alienados do povo russo comum e da sua interioridade criativa, devota, apesar e porque eles mesmos sofrem disso.) No capítulo 7 do livro de James L. Rice, *"Freud's Russia: National Identity in the Evolution of Psychoanalysis"* (A Rússia de Freud: identidade nacional na evolução da psicanálise) o autor discorre mais detalhadamente sobre o assunto. (N.T.)

chegou à conclusão de que o pecado é indispensável para se desfrutar de todas as bem-aventuranças da graça divina, portanto, basicamente uma obra que agrada a Deus. É evidente que os sacerdotes só conseguiriam manter a submissão das massas à religião fazendo grandes concessões à natureza das pulsões humanas. Então isso se manteve assim: só Deus é forte e bom, o homem é fraco e pecador. Em todos os tempos a imoralidade não encontrou na religião menos apoio do que a moralidade. Se as realizações da religião relativamente ao bem--estar das pessoas, suas aquisições culturais e sua restrição moral não são melhores do que as de outras instituições, então nos perguntamos se não estaríamos superestimando a sua necessidade para a humanidade, e se estaríamos de fato sendo sábios ao basearmos nela as nossas exigências culturais.

Reflitamos sobre a inequívoca situação atual. Ouvimos dizer que a religião já não tem mais a mesma influência de antigamente sobre as pessoas (trata-se aqui da cultura cristã europeia). Isso ocorre não porque suas promessas se reduziram, mas porque parecem menos confiáveis às pessoas. Admitamos que o motivo dessa mudança seja o fortalecimento do espírito científico nas camadas superiores da sociedade humana (talvez não seja o único). A crítica corroeu a força comprobatória dos documentos religiosos, as ciências naturais apontaram os erros contidos neles, a pesquisa comparada teve sua atenção despertada pela fatídica semelhança das ideias religiosas por nós veneradas com as produções espirituais de povos e tempos primitivos.

O espírito científico gera em nós um tipo determinado de posicionamento em relação às coisas deste mundo; mas, diante das coisas da religião, esse espírito se detém um pouco, hesita, e finalmente também atravessa o umbral. Nesse processo não há interrupções; quanto maior o número de pessoas com acesso aos patrimônios do nosso conhecimento, tanto mais dissemina-se a decadência da crença religiosa, que inicialmente se desfaz das suas roupagens antiquadas, ostensivas, mas depois também de seus pressupostos fundamentais. Com o "processo do macaco" em Dayton,[4] os norte-americanos foram os únicos que se mostraram consequentes. Geralmente a inevitável transição realiza-se mediante elementos inconclusivos e falsos.

Há pouco a temer para a cultura por parte dos intelectuais e pessoas cultas. Com eles, a substituição dos motivos religiosos de um comportamento cultural por outros, mais mundanos, ocorreria sem nenhum alarde, pois, em grande parte, eles mesmos são defensores da cultura. Mas isso é diferente entre as grandes massas de iletrados, oprimidos, que possuem todos os motivos para serem inimigos

---

[4] Trata-se de um julgamento realizado num tribunal da cidade de Dayton, Tennessee, no ano de 1925, em que foi colocada à prova uma lei promulgada no mesmo ano, que proibia o ensino, nas escolas, de teorias que contrariassem o dogma bíblico da criação do homem. O professor John Thomas Scopes ensinava a teoria da evolução das espécies, de Darwin, nas escolas públicas, e por isso foi condenado. (N.T.)

da cultura. Enquanto não souberem que não se acredita mais em Deus, está tudo bem. Mas inevitavelmente eles o saberão, mesmo se este meu texto não for publicado. E estarão dispostos a aceitar os resultados do pensamento científico, sem que tenha ocorrido a mudança produzida no homem pelo pensamento científico. Será que não existe o perigo de que a hostilidade dessas massas à cultura se lance sobre o ponto fraco que identificaram nessa sua opressora? Se não podemos matar nosso semelhante apenas porque Deus nos proibiu, e nesta ou naquela vida isso será severamente castigado, e depois ficarmos sabendo que não existe um Deus e que não precisamos ter medo de uma punição, certamente mataremos esse nosso semelhante sem receio, e só poderemos ser impedidos pelo poder terreno. Portanto, as opções são: a mais severa contenção dessas massas perigosas, a mais cautelosa obstrução de todas as oportunidades de um despertar intelectual, ou a revisão profunda da relação entre cultura e religião.

capítulo VIII

Deveríamos considerar que essa última proposta não apresenta muitas dificuldades em seu caminho. Então é correto que renunciemos a algo, mas talvez estejamos ganhando mais e evitando um grande perigo. Porém nos assustamos diante disso, como se expuséssemos a cultura a um perigo ainda maior. Quando São Bonifácio derrubou a árvore venerada pelos saxões como sagrada, a comunidade do entorno esperou que ocorresse uma terrível desgraça, como consequência do sacrilégio. Ela não ocorreu, e os saxões aceitaram o batismo.

Se a cultura instituiu o mandamento de não matarmos o vizinho que odiamos, que está atrapalhando nosso caminho ou cujos bens cobiçamos, obviamente isso foi feito no interesse da convivência humana, que, de outro modo, seria impraticável. Pois o assassino atrairia para si a vingança dos parentes do assassinado e também a surda inveja dos outros que, do mesmo modo, sentem essa inclinação interior à prática desse tipo de violência. Portanto, ele não conseguiria comprazer-se por muito tempo com sua vingança ou seu roubo, mas teria toda a possibilidade de logo ser morto também. Mesmo se tentasse proteger-se do adversário por meio de uma força e uma cautela excepcionais, ele sucumbiria a uma união dos mais fracos. Se essa união não ocorresse, os assassinatos prosseguiriam indefinidamente, e no final haveria um extermínio geral em que as pessoas matariam umas às outras. É a mesma situação que ocorre entre indivíduos, como no caso das famílias na Córsega, mas geralmente é apenas entre nações que isso acontece. O risco de insegurança na vida, igual para todos, une as pessoas numa sociedade que proíbe um indivíduo de matar o outro, mas se reserva a prerrogativa do assassinato coletivo daquele que infringe a proibição. É a justiça e o castigo.

Não concordamos com essa justificativa racional da proibição do assassinato, mas consideramos que ela foi instituída por Deus. Portanto, ousamos adivinhar e descobrir Seus propósitos, sabendo que Ele também não quer que as pessoas eliminem umas às outras. Ao agirmos assim, conferimos uma solenidade muito especial à proibição cultural, mas com isso arriscamos tornar a sua obediência dependente da crença em Deus. Quando damos esse passo para trás, não atribuindo mais a nossa vontade a Deus e nos satisfazendo com a justificativa social, renunciamos à transfiguração da proibição cultural, mas também evitamos os riscos a que ela possa estar submetida. E também ganhamos outra coisa. Por meio de uma espécie de difusão ou infecção, o caráter de sacralidade, de inviolabilidade, de algo do além, poderíamos dizer, disseminou-se de algumas poucas proibições importantes para todas as outras instituições, leis e ordens culturais. Mas a auréola de sacralidade nem sempre as adorna adequadamente, não só porque se depreciam, na medida em que tomam decisões opostas de acordo com o momento e o lugar, mas também porque apresentam todos os sinais da insuficiência humana. Facilmente identificamos nelas o que pode ser apenas o produto de uma condescendência míope, a expressão de interesses mesquinhos ou a consequência de pressupostos insuficientes. A crítica que devemos fazer-lhes também reduz, numa medida indesejada, o respeito por outras exigências da cultura, melhor justificadas. Como é uma tarefa muito desagradável diferenciar aquilo que o próprio Deus exigiu daquilo que provém da autoridade de um parlamento poderoso ou de um alto magistrado, seria uma indiscutível vantagem deixar Deus fora do jogo e admitir honestamente a origem puramente humana de todas as instituições e regras culturais. Juntamente com a requerida sacralidade, a imutabilidade e a rigidez desses mandamentos e leis também cairiam. As pessoas poderiam entender que eles foram criados não tanto para dominá-las, porém muito mais para servir aos seus interesses, e assim sua relação com eles seria mais amigável, tendo como meta apenas seu aprimoramento e não sua supressão. Esse seria um importante progresso no caminho que conduz à reconciliação com a opressão da cultura.

Nossa defesa de uma fundamentação puramente racional das prescrições da cultura, portanto, a recondução à sua origem na necessidade social, é de repente interrompida por uma dúvida. Escolhemos como exemplo o surgimento da proibição do assassinato. Será que nossa descrição corresponde à verdade histórica? Receamos que não, ela parece ser apenas uma construção racionalista. Estudamos justamente essa parte da história cultural humana com a ajuda da psicanálise, e, apoiados nesse esforço, somos obrigados a admitir que na realidade foi tudo diferente. No ser humano atual, os motivos puramente racionais pesam muito pouco diante dos pulsões emocionais; e como eles devem ter sido bem mais frágeis naquele homem-animal dos tempos primitivos! Talvez os seus descendentes ainda hoje estariam matando uns aos outros sem restrições, se entre aqueles assassinatos não houvesse ocorrido um, a morte do pai primitivo, que tivesse despertado uma reação emocional incontrolável, com pesadas consequências. É desse fato que provém o mandamento "não matarás", que no totemismo era limitado à substituição do pai, depois foi estendido a todos os outros seres humanos, e ainda hoje não é implementado sem exceções.

Mas, segundo explicações que não preciso repetir aqui, aquele pai primitivo foi a imagem primordial de Deus, o modelo para as gerações posteriores formarem a figura de Deus. Portanto, a representação religiosa tem razão. Deus participou efetivamente da origem daquela proibição criada por uma influência Sua, e não pela percepção de uma necessidade social. E o deslocamento da vontade humana para Deus é plenamente justificado, as pessoas sabiam que haviam afastado o pai com violência, e como reação ao crime elas se propuseram a respeitar sua vontade dali em diante. Portanto, o ensinamento religioso nos transmite a verdade histórica, naturalmente transformada e com outra roupagem; nossa descrição racional a renega.

Percebemos então que o patrimônio das ideias religiosas não consiste apenas na satisfação dos desejos, mas também em significativas reminiscências históricas (lembranças). Quão incomparável é o poder que essa atuação conjunta de passado e futuro deve conferir à religião! Porém, com a ajuda de uma analogia, talvez também cheguemos a uma outra visão. Não é bom deslocar os conceitos para longe do solo em que cresceram, mas precisamos dar expressão à concordância. Sobre a criança, sabemos que não consegue percorrer bem o caminho de seu desenvolvimento à cultura sem passar por uma fase de neurose, ora mais, ora menos nítida. Isso ocorre porque a criança não consegue reprimir, por meio de um trabalho racional mental, muitas das exigências pulsionais posteriormente inúteis, mas precisa dominá-la com recalques, atrás dos quais, via de regra, o motivo é o medo. A maioria dessas neuroses infantis é superada espontaneamente durante o crescimento, e especialmente as neuroses obsessivas da infância têm esse destino. Mais tarde o tratamento psicanalítico também dará um jeito no resto. De forma semelhante deveríamos supor que a humanidade como um todo, em seu desenvolvimento secular, passou por situações análogas às das neuroses, e pelos mesmos motivos; nos tempos da sua ignorância e fraqueza intelectual, ela só conseguiu abrir mão das pulsões — renúncias essas indispensáveis para a vida humana comunitária — usando energias puramente afetivas. A queda dos processos semelhantes aos recalques, que ocorriam no passado, deixou resíduos que permaneceram ligados à cultura por muito tempo. A religião seria a neurose obsessiva humana universal, e, assim como a da criança, ela se originou do complexo de Édipo, da relação com o pai. Segundo esse conceito, seria previsível que o afastamento da religião tenha de se realizar com a fatídica inexorabilidade de um processo de crescimento, e que justamente agora nos encontramos no meio dessa fase de desenvolvimento.

Nosso comportamento então deveria orientar-se pelo exemplo de um educador sensato, que não se opõe a uma configuração emergente, mas que busca incentivá-la e amenizar a força do seu avanço. Porém a essência da religião não se esgota com essa analogia. Se por um lado ela impõe restrições forçadas, semelhantes às de uma neurose obsessiva individual, por outro ela contém um sistema de desejos ilusórios que renegam a realidade, como o que encontramos isoladamente apenas numa amência,[1] uma confusão mental alucinatória de felicidade. Afinal, são só comparações com as quais

---

[1] Do original em latim *amentia*, significa insanidade, deficiência ou confusão mental. (N.T.)

nos empenhamos em entender o fenômeno social, pois a psicologia individual não nos oferece um equivalente completo.

Já mostramos diversas vezes (eu mesmo e principalmente Theodor Reik)[2] até que grau de detalhamento pode ir a analogia da religião com a neurose obsessiva, o quanto das especificidades e dos destinos da formação religiosa pode ser compreendido a partir dessa via. É certo também que o crente devoto está protegido, em alto grau, do perigo de determinadas doenças neuróticas; a aceitação da neurose geral dispensa-o da tarefa de criar uma neurose pessoal.

O reconhecimento do valor histórico de certas doutrinas religiosas aumenta nosso respeito por elas, mas não invalida nossa sugestão de excluí-las da motivação das regras culturais. Pelo contrário! Com a ajuda desses restos históricos, o conceito dos princípios religiosos revelou ser como as mesmas relíquias neuróticas, e então podemos afirmar que provavelmente, como no caso do tratamento analítico do neurótico, já é tempo de substituir os êxitos do recalcamento pelos resultados do trabalho intelectual racional. Podemos

---

[2] Theodor Reik (1888–1969) foi um dos primeiros alunos de Freud em Viena, e mais tarde, nos Estados Unidos, tornou-se um pioneiro da análise leiga. Ainda na Áustria, Freud o defendeu no seu livro *A análise leiga*. Reik publicou diversas obras sobre psicanálise, e entre elas foram traduzidas ao português: *A necessidade do amor* (Ibrasa, 1968) *Psicologia da vida sexual* (Forense, 1968) e *Religião e psicanálise* (Guanabara, 1934). (N.T.)

prever, mas não lamentar, que essa reelaboração não precise limitar-se a uma renúncia à transformação solene das regras culturais. A tarefa a nós atribuída, de reconciliar os seres humanos com a cultura, será amplamente cumprida por essa via. Na motivação racional das regras culturais, não devemos lamentar a renúncia à verdade histórica. As verdades contidas nas doutrinas religiosas foram tão deturpadas e sistematicamente disfarçadas, que a massa humana nem consegue reconhecê-las como verdades. É o mesmo que acontece quando contamos a uma criança que os bebês são trazidos pela cegonha. Com isso também apresentamos a verdade num invólucro simbólico, pois sabemos o que essa grande ave representa. Mas a criança não sabe, ela só toma conhecimento da parte desfigurada, considera-se enganada, e nós sabemos quantas vezes sua desconfiança dos adultos e sua rebeldia vinculam-se justamente a essa impressão. Chegamos à conclusão de que é melhor deixarmos de lado o recurso a essas dissimulações simbólicas da verdade, e não negar à criança o conhecimento das condições reais, na forma adequada ao seu nível intelectual.

capítulo IX

"O senhor se permite contradições que dificilmente podem ser conciliadas. Primeiro, o senhor afirma que um texto como o seu é totalmente inofensivo. Ninguém desistirá da própria crença religiosa diante dessas argumentações. Mas como o seu propósito é mesmo questioná-la, — como se poderá descobrir mais tarde — podemos perguntar por que afinal o senhor publica esses textos? Em outro trecho o senhor reconhece que poderá ser perigoso, até mesmo muito perigoso, se alguém descobrir que não se acredita mais em Deus. Até então a pessoa era dócil, mas agora atira longe a obediência às regras da cultura. Baseado na suposição de que o crente pode ser convertido ao descrente, esse seu argumento de que a motivação religiosa dos mandamentos culturais representa um perigo para a cultura é totalmente contraditório.

Uma outra contradição se revela quando o senhor, por um lado, admite que o homem não pode ser controlado pela inteligência, que ele é dominado pelas suas paixões e exigências pulsionais, mas por outro lado o senhor apresenta a proposta de substituir os fundamentos afetivos da sua obediência à cultura por fundamentos racionais. Quem puder que entenda isso. Parece-me ser uma coisa ou outra.

Aliás, o senhor não aprendeu nada do que consta na História? Uma tentativa como essa, de permitir que a religião seja substituída pela razão, já foi feita uma vez oficialmente e em grande estilo. O senhor não se lembra da Revolução Francesa e de Robespierre? Nem da vida breve e do lastimável fracasso dessa experiência? Isso está sendo repetido agora na Rússia, e não precisamos ficar curiosos para saber como terminará. O senhor não acha que o homem deve aceitar o fato de talvez não poder prescindir da religião?

O senhor mesmo disse que a religião é mais do que uma neurose obsessiva. Mas não tratou do outro lado. Basta-lhe fazer a analogia com a neurose. E uma neurose é algo de que as pessoas devem ser libertadas. No entanto, o que mais se pode perder com isso não o preocupa."

A impressão de contradição deve ter surgido porque tratei com muita pressa de coisas bem complicadas. Podemos rever algumas coisas. Ainda acho que meu texto, num determinado aspecto, é totalmente inofensivo. Nenhum crente deixará sua crença arrefecer diante desse argumento, ou de outros semelhantes. Um crente possui determinadas ligações afetivas com o conteúdo da religião. Certamente existem muitos outros que não são crentes no mesmo sentido. São obedientes às normas da cultura porque se deixam intimidar pelas ameaças da religião, e a temem enquanto tiverem de considerá-la uma parte da sua realidade limitadora. São os que se livram dela tão logo possam renunciar à crença em seu valor como verdade, mas sobre isso os argumentos também não têm nenhuma influência. Eles deixam de temer a religião quando percebem que outros também não a temem, e a respeito deles eu disse que ficariam sabendo do declínio da influência religiosa, mesmo se eu não publicasse meu texto.

Mas acredito que o senhor dá mais valor à outra contradição de que me acusa. As pessoas são muito pouco acessíveis aos argumentos racionais, são totalmente dominadas por suas pulsões. Por que então devemos privá-las da satisfação de suas pulsões e querer substituí-la por motivos racionais? Naturalmente as pessoas são assim, mas o senhor já se perguntou se elas precisam ser assim, se sua natureza mais íntima as obriga a isso? Será que um antropólogo pode mostrar o tipo de crânio de um povo que tem o hábito de deformar a cabecinha de suas crianças desde cedo por meio de bandagens? Pense no triste contraste entre a brilhante inteligência de uma criança saudável e a fraqueza intelectual do adulto mediano. Seria totalmente impossível que justamente a educação religiosa fosse culpada, em grande parte, por essa atrofia relativa? Penso que levaria muito tempo até que uma criança livre de todas essas influências começasse a refletir a respeito de Deus e das coisas do outro mundo. Talvez então esses pensamentos trilhassem o mesmo caminho já percorrido pelos seus antepassados, mas não esperamos esse desenvolvimento, transmitimos à criança os ensinamentos religiosos num momento em que ela não tem interesse neles nem a capacidade de entender seu alcance. A postergação do desenvolvimento sexual e a antecipação da influência religiosa são os dois pontos principais do programa da pedagogia de hoje, não é verdade? Quando o pensamento da criança desperta, os ensinamentos religiosos já se tornaram irrefutáveis. Acaso o senhor acha que é útil para o fortalecimento da sua função mental, um campo tão significativo para ela, que ele permaneça fechado por causa da ameaça dos castigos do inferno? Não precisamos nem nos espantar muito com a fraqueza intelectual de quem já chegou ao ponto de aceitar sem críticas todos os absurdos que os ensinamentos religiosos defendem, e até mesmo ignorar as contradições entre eles. Mas não temos nenhum outro meio de controle das nossas pulsões além da nossa inteligência. Como poderemos esperar que pessoas dominadas pelas proibições de pensar alcancem o ideal psicológico, o primado da inteligência? O senhor também sabe que se atribui à mulher em geral a assim chamada "imbecilidade fisiológica", isto é, uma inteligência inferior à do homem. O fato em si é controvertido, sua interpretação é duvidosa, mas um argumento para a natureza secundária dessa atrofia intelectual afirma que as mulheres talvez sofram com o rigor da proibição precoce de direcionar seus pensamentos ao que lhes teria interessado mais, ou seja, os problemas da vida sexual. Enquanto essa repressão dos pensamentos sobre a sexualidade, e também a religiosa, com a lealdade dela derivada, exercerem seus efeitos nos anos precoces do ser humano, não poderemos dizer como ele é, realmente.

Mas quero moderar meu entusiasmo e admitir a possibilidade de também estar perseguindo uma ilusão. Talvez o efeito da proibição religiosa de pensar não seja tão forte como suponho, talvez se descubra que a natureza humana permanece igual mesmo quando não distorcemos a educação, usando-a para a submissão à religião. Eu não sei, e o senhor também não pode sabê-lo. Não só os grandes problemas desta vida parecem atualmente insolúveis, mas também muitas perguntas menores são difíceis de responder. Porém admita que existe uma justificativa para uma esperança no futuro, que talvez se descubra um tesouro para enriquecer a cultura, e que vale a pena o esforço de se começar a implantar uma educação não religiosa. Se ela se revelar insatisfatória, estarei disposto a abandonar a reforma e voltar ao meu antigo julgamento puramente descritivo: o homem é um ser de inteligência fraca dominado pelas suas pulsões.

Em outro ponto eu concordo com o senhor, sem reservas. Certamente seria um início insensato querer eliminar a religião com violência e de um só golpe. Sobretudo porque isso é inútil, não tem perspectivas de êxito. Quem tem fé não permite que a destruam, nem com argumentos nem com proibições. Mas se isso fosse possível, em alguns casos, seria uma crueldade. Quem tomou soníferos por décadas, obviamente não consegue mais dormir quando lhe suspendem o medicamento. Um procedimento nos Estados Unidos ilustra muito bem porque o efeito do consolo religioso pode ser comparado ao de um narcótico. Lá, atualmente, pretende-se — certamente sob a influência do feminismo — proibir as pessoas de usarem todas as substâncias entorpecentes, narcóticas e estimulantes, e depois, como compensação, saciá-las com o temor a Deus. Nem precisamos adivinhar qual seria o desfecho *dessa* experiência.

Portanto eu o contradigo, quando o senhor continua afirmando que o homem não pode prescindir do consolo da ilusão religiosa, que sem ela seria impossível para ele suportar o peso da vida, a cruel realidade. Sim, não o ser humano, em quem o senhor inoculou o doce — ou agridoce — veneno desde a infância. Mas e aquele outro, que foi criado sóbrio? Se ele não tiver nenhuma neurose, talvez não precise de uma intoxicação para entorpecê-lo. Certamente então o homem se encontrará numa situação difícil, ele terá de admitir todo seu desamparo, sua vulnerabilidade na engrenagem do mundo, não mais como centro da criação, não mais como objeto de cuidados afetuosos de uma Providência bondosa. Ele estará na mesma situação da criança que abandonou a casa paterna, onde se sentia tão confortável e aconchegada. Porém, não é verdade que o infantilismo está destinado a ser superado? O ser humano não pode permanecer uma criança eternamente, ele precisa enfrentar a "vida hostil". Podemos chamar isso de "educação para a realidade". Será que ainda preciso revelar-lhe que o único propósito do meu texto é chamar a atenção para a necessidade desse progresso?

Será que o senhor teme que ele não consiga superar essa difícil prova? Mas, em todo caso, tenhamos esperanças. Já faz uma certa diferença sabermos que dependemos da nossa própria força. Então aprendemos a usá-la corretamente. O ser humano não está totalmente desprovido de recursos, desde os tempos do Dilúvio (Era do Gelo, Pleistoceno) sua ciência ensinou-lhe muitas coisas, o que lhe dará ainda mais poder. E no que se refere às grandes provações do destino, contra as quais não existe remédio, ele aprenderá a suportá-las com resignação. Para que lhe serve a ilusão de um grande latifúndio na Lua, de cujos produtos nunca ninguém viu nada? Como um pequeno camponês honesto nesta Terra, ele saberá cultivar sua gleba para que ela produza o alimento que o sustenta. Eliminando suas expectativas do além e concentrando todas as suas forças livres na vida terrena, provavelmente ele conseguirá tornar a vida suportável para todos, e a cultura não oprimirá mais ninguém. Então ele poderá dizer, sem se lamentar, junto com um de nossos companheiros descrentes:

Deixemos o céu para os anjos e os pardais.[1]

---

[1] A frase é da obra *"Deutschland, ein Wintermärchen"* (Alemanha, um conto de inverno) de 1844, da autoria de Christian Johann Heinrich Heine (1797–1856) um dos maiores poetas do romantismo alemão. (N.T.)

capítulo X

"Isso me soa maravilhosamente. Uma humanidade que renunciou a todas as ilusões e com isso tornou-se capaz de se organizar de forma suportável nesta Terra! Mas não posso compartilhar suas expectativas. Não por ser aquele reacionário teimoso, que o senhor talvez acredite que eu seja. Não, mas por sensatez. Acho que trocamos nossos papéis; o senhor se apresenta como aquele entusiasta que se deixa arrebatar pelas ilusões, e eu defendo a exigência da razão, o direito ao ceticismo. O que o senhor apresentou aqui parece-me construído sobre enganos, que, de acordo com seu procedimento, posso chamar de ilusões, pois revelam claramente a influência de seus desejos. O senhor baseia sua esperança na possibilidade de que gerações, que não sofreram a influência das doutrinas religiosas na primeira infância, alcancem facilmente a ansiada primazia da inteligência sobre as pulsões. Isso, sim, é uma ilusão; nesse ponto decisivo a natureza humana vai mudar pouco. Se não me engano — sabemos tão pouco de outras culturas — ainda hoje existem povos que não crescem sob a pressão de um sistema religioso, e eles não se aproximam mais do que outros, desse ideal que o senhor defende. Se o senhor quiser excluir a religião de nossa cultura europeia, isso só poderá acontecer por meio de um outro sistema de ensinamentos, que desde o início ele assumiria todas as características psicológicas da religião, ou seja, a mesma sacralidade, rigidez, intolerância, e, para sua defesa, a mesma proibição de pensar. O senhor precisará de qualquer coisa desse tipo, para fazer jus às exigências da educação. Mas não poderá renunciar a ela. O caminho do desenvolvimento do bebê até o ser humano cultural é longo, muitas pessoas se perderiam nele, e não chegariam a tempo para realizar as tarefas da vida, se forem deixadas à própria sorte, sem uma orientação. Os ensinamentos aplicados à sua educação sempre limitarão seu modo de pensar na maturidade, exatamente o que o senhor critica hoje na religião. O senhor não percebe que é um erro de origem da nossa e de toda cultura impor à criança, movida por impulsos e mentalmente fraca, a obrigação de tomar decisões que só a inteligência madura dos adultos pode justificar? Mas a cultura não consegue agir de outro modo; devido à concentração do desenvolvimento secular da humanidade em alguns anos de infância, a criança pode ser estimulada à realização da tarefa que lhe foi imposta apenas por meio de forças afetivas. Portanto, são essas as perspectivas para a "primazia do intelecto" de que o senhor fala.

"Então não se espante se defendo a manutenção do sistema de ensino religioso como base da educação e da convivência humanas. É um problema prático, não uma questão de valor de realidade. No interesse da manutenção da nossa cultura, não podemos esperar para influenciar o indivíduo só quando ele amadurecer culturalmente — muitos nem chegariam lá — então precisaríamos empurrar àquele que está em processo de crescimento algum sistema de ensinamentos que exerça o efeito de um pressuposto imune à crítica. O sistema religioso parece-me de longe o mais apropriado, justamente por causa da sua força consoladora e de realização de desejos, na qual o senhor pretende ter reconhecido a "ilusão". Diante da dificuldade de reconhecer a realidade, e da dúvida se isso é mesmo possível, não devemos ignorar que também as necessidades humanas são parte da realidade, e até mesmo uma parte importante que nos diz respeito especialmente.

"Identifico outra vantagem do ensinamento religioso em uma das suas particularidades, que parece chocá-lo especificamente. Ela permite uma purificação e uma sublimação conceituais, que possibilitam a eliminação da maior parte daquilo que traz consigo os indícios de um pensamento infantil e primitivo. O que resta é um conteúdo de ideias que não é mais contestado pela ciência, e que esta também não pode contradizer. Essas transformações do ensinamento religioso que o senhor julgou insuficientes e comprometidas, tornam possível evitar a ruptura entre a massa inculta e os pensadores filosóficos, e mantém em comum entre eles coisas muito importantes para a garantia da cultura. Então não se deve temer que o homem do povo descubra que as camadas superiores da sociedade "não acreditam mais em Deus". Dessa forma, creio ter mostrado que o seu esforço se reduz à tentativa de substituir uma ilusão já testada e afetivamente valiosa por uma outra, não testada e indiferente."

"O senhor não deve achar que sou inacessível à sua crítica. Eu sei como é difícil evitar ilusões, e talvez as esperanças que abracei também sejam de natureza ilusória. Mas eu me apego a uma diferença. Minhas ilusões — apesar de eu não estar sujeito a nenhuma punição caso não as compartilhe — não são incorrigíveis como as religiosas, não têm o seu caráter delirante. Se a experiência mostrar — não a mim, mas a outros depois de mim, que pensam do mesmo modo — que nós nos enganamos, renunciaremos a nossas expectativas. Aceite a minha tentativa pelo que ela é. Um psicólogo que não se engana quando considera o quanto é difícil encontrar um rumo neste mundo, esforça-se em julgar o desenvolvimento da humanidade de acordo com o pouquinho de visão que adquiriu, por meio do estudo dos processos psíquicos do indivíduo ao longo de seu desenvolvimento, desde a infância até a idade adulta. Nisso impõe-se a ele a percepção de que a religião é comparável a uma neurose infantil, e ele é suficientemente otimista para admitir que a humanidade vai superar essa fase neurótica, como tantas crianças superam neuroses semelhantes quando crescem. Esse conhecimento adquirido a partir da psicologia individual pode ser insuficiente, sua transposição a toda a espécie humana pode não ser justificada, o otimismo pode ser infundado; admito todas essas incertezas que o senhor menciona. Porém muitas vezes não conseguimos deixar de dizer o que pensamos, e nos desculpamos por não atribuirmos às nossas alegações um valor maior do que elas têm.

"E ainda preciso demorar-me em dois pontos. Primeiro, a fraqueza da minha posição não representa um fortalecimento da sua. Quero dizer, o senhor defende uma causa perdida. Devemos continuar enfatizando, e teremos razão ao afirmar que o intelecto humano é fraco em comparação com a vida pulsional humana. Porém há algo especial nessa fraqueza; a voz do intelecto é baixa, mas não descansa enquanto não for ouvida. No final, depois de inúmeras rejeições repetidas, ela de fato o consegue. Esse é um dos pontos mais importantes, que nos permite sermos otimistas quanto ao futuro da humanidade; porém na verdade ele não representa pouca coisa. Podemos vincular outras expectativas a ele. A primazia do intelecto certamente está a uma distância bem maior, mas possivelmente ainda não infinita. E como provavelmente ele estabelecerá as mesmas metas cuja realização o senhor espera de seu Deus — naturalmente numa escala humana, enquanto a realidade exterior, a Αναγχη, permiti-lo — ou seja, o amor humano e a restrição do sofrimento, podemos dizer que o nosso antagonismo é apenas transitório, e não irreconciliável. Esperamos a mesma coisa, mas o senhor é mais impaciente, exigente e — por que eu não deveria dizê-lo? —

mais egoísta do que eu e os meus. O senhor quer que a bem-aventurança comece logo depois da morte, exige dela o impossível e não quer renunciar à pretensão do indivíduo. Nosso Deus Λόγοζ[1] realizará aqueles desejos permitidos pela natureza externa a nós, mas muito gradualmente, só num futuro longínquo e para novos seres humanos. Ele não nos promete uma compensação pelo pesado sofrimento que suportamos em nossa vida. No caminho a essa meta distante os seus ensinamentos religiosos devem ser abandonados, não importa se as primeiras tentativas fracassarem, se as primeiras formações substitutas revelarem-se inconsistentes. O senhor sabe porquê; a longo prazo nada pode resistir à razão e à experiência, e a antinomia da religião em relação a ambas é bastante palpável. E as purificadas ideias religiosas também não poderão evitar esse destino, enquanto quiserem salvar alguma coisa do conteúdo consolador da religião. Naturalmente, se essas ideias se limitarem à afirmação da existência de um ser espiritual superior de características indetermináveis e propósitos

---

[1] Da dupla original de deuses do holandês Multatuli. (N.A.)
Multatuli, que no latim significa "sofri muito", foi o pseudônimo literário do escritor e maçom holandês Eduard Douwes Dekker (1820-1887) que viveu e trabalhou nas Índias Orientais Holandesas, atual Indonésia. Os nomes da dupla que no texto estão no grego original, são *Logos* (ordem, conhecimento, razão, fundamento, e também a *lógica* por trás de um argumento) e *Ananque* (força, restrição, necessidade. Na mitologia grega era a deusa da inevitabilidade, mãe das Moiras e personificação do destino) (N.T.)

incompreensíveis, então elas até se tornarão imunes às objeções da ciência, mas também deixarão de ser objeto de interesse das pessoas.

Em segundo lugar: preste atenção na diferença entre a minha e a sua atitude diante da ilusão. O senhor precisa defender a ilusão religiosa com todas as suas forças; quando ela for desvalorizada — e de fato ela está seriamente ameaçada — então seu mundo desmoronará, não lhe restará nada além de descrer de tudo, da cultura e do futuro da humanidade. Dessa servidão eu, nós, estamos livres. Já que estamos dispostos a renunciar a uma boa parte dos nossos desejos infantis, podemos até suportar se algumas de nossas expectativas revelarem-se apenas ilusórias.

A educação libertada da pressão das doutrinas religiosas talvez não altere tanto a essência psicológica humana, o nosso Deus Λογοζ[2] talvez não seja muito onipotente, e realize apenas uma pequena parte do que seus antecessores prometeram. Se precisarmos reconhecer isso, nós o aceitaremos com resignação. Não perderemos o interesse pelo mundo e pela vida por causa disso, pois temos um apoio firme que o senhor não tem. Acreditamos que é possível ao trabalho científico descobrir algumas coisas sobre a realidade do mundo, com as quais poderemos aumentar nosso poder e organizar nossa vida. Se essa crença é uma ilusão,

---

[2] Veja nota na página anterior. (N.T.)

então estaremos na mesma situação que o senhor, mas a ciência nos provou, por meio de inúmeros e significativos êxitos, que não é uma ilusão. Ela possui muitos inimigos explícitos e outros disfarçados entre aqueles que não a perdoam por ter enfraquecido a crença religiosa e ameaçar acabar com ela. Acusam-na de nos ter ensinado muito pouco e, comparativamente, ter deixado muitas coisas na escuridão. Mas esquecemos o quanto ela é jovem, como seu começo foi difícil e como foi reduzido o tempo desde que o intelecto humano se fortaleceu para realizar suas tarefas. Será que não erramos ao fundamentar nossos julgamentos em espaços de tempo curtos demais? Deveríamos tomar os geólogos como exemplo. Reclamamos das incertezas da ciência, de que hoje ela anuncia como lei aquilo que a geração subsequente reconhece como erro e substitui por uma nova lei, com um prazo de validade igualmente reduzido. Mas isso é injusto e em parte não procede. As mudanças das posições científicas representam desenvolvimento, progresso, e não subversão. Uma lei que inicialmente consideramos totalmente válida revela-se como o caso especial de uma utilização mais abrangente ou é restringida por outra lei, que só passamos a conhecer posteriormente; uma aproximação rudimentar da verdade é substituída por outra mais cuidadosamente adequada, que por sua vez aguarda outro aperfeiçoamento. Ainda não superamos a fase da pesquisa em diversas areas, quando então tentamos fazer suposições que logo serão rejeitadas como insuficientes; porém em outras já existe um núcleo de conhecimento assegurado e quase imutável. Finalmente tentou-se desvalorizar os esforços científicos de forma radical, com a alegação de que, ligados às condições de nossa própria organização, eles não podem oferecer-nos nada além de resultados subjetivos, enquanto a verdadeira natureza das coisas externas permanece inacessível a eles. Com isso devemos considerar alguns fatores decisivos para o entendimento do trabalho científico: de que a nossa organização, isto é, nosso aparato psíquico, desenvolvido justamente para o esforço de reconhecimento do mundo exterior, também deve ter realizado uma certa adaptação em sua estrutura, pois ele mesmo é parte desse mundo a ser pesquisado. E também, de que ele admite muito bem essa pesquisa, de que a tarefa da ciência está plenamente circunscrita quando nos limitamos a mostrar como o mundo deve apresentar-se, em consequência da peculiaridade de nossa organização. E que os resultados finais da ciência, justamente em função do modo como são obtidos, não são apenas condicionados por nossa organização, mas também por aquilo que atuou sobre essa organização; e, finalmente, que o problema de uma configuração do mundo sem consideração pelo modo de percepção do nosso aparato psíquico é uma abstração vazia, sem interesse prático.

Não, nossa ciência não é uma ilusão. Mas seria uma ilusão acreditar que podemos obter em algum outro lugar o que ela não pode nos dar.

© Copyright desta tradução: Editora Martin Claret Ltda., 2020.
Título original: *Die Zukunft einer Illusion*.

DIREÇÃO
Martin Claret

PRODUÇÃO EDITORIAL
Carolina Marani Lima
Mayara Zucheli

DIREÇÃO DE ARTE E CAPA
José Duarte T. de Castro

DIAGRAMAÇÃO
Giovana Quadrotti

REVISÃO
Waldir Moraes

IMPRESSÃO E ACABAMENTO
Geográfica Editora

Dados Internacionais de Catalogação na Publicação (CIP)
(Câmara Brasileira do Livro, SP, Brasil)

Freud, Sigmund, 1856-1939
 O futuro de uma ilusão / Sigmund Freud; tradução: Inês A. Lohbauer. – 1. ed. – São Paulo: Martin Claret, 2021.

Título original: *Die Zukunft einer Illusion*
ISBN 978-65-5910-098-9

1. Psicanálise 2. Psicanálise e cultura 3. Psicologia religiosa 4. Psicoterapia 5. Religião I. Título.

21-80985   CDD-150.1952

Índices para catálogo sistemático:
1. Freud, Sigmund: Psicanálise e religião: Psicologia 150.1952
Maria Alice Ferreira – Bibliotecária – CRB-8/7964

EDITORA MARTIN CLARET LTDA.
Rua Alegrete, 62 – Bairro Sumaré – CEP: 01254-010 – São Paulo, SP – Tel.: (11) 3672-8144 – www.martinclaret.com.br
3ª reimpressão – 2025

CONTINUE COM A GENTE!

- Editora Martin Claret
- editoramartinclaret
- @EdMartinClaret
- www.martinclaret.com.br

IMPRESSO
EM PAPEL

Pólen®

mais prazer em ler